あそびの杜保育園園長
相馬範子

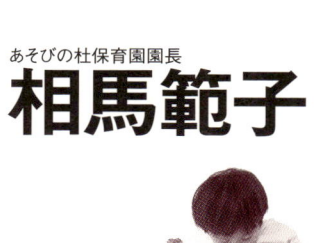

生活リズムで
いきいき脳を
育てる

**子育ての
科学98の
ポイント**

合同出版

●本書を読まれるみなさまへ

　私は現在、縁あって保育園の園長としての仕事を主にしていますが、もともとは大学在学中に河添邦俊先生（1929～1995）から障害児教育を学び、それ以来ずっと障害児の子育てを専門に活動をしてきました。

　河添邦俊先生は、日本で最初に重度の重複障害児の保育と教育に取り組まれた先生です。その実践を通して、「障害児教育に愛と科学と感動を！」と、保育や教育の現場に脳やからだの生理学を取り入れながら、発達論を展開していきました。「生活リズム」ということばを使い「生体の生活リズム」の重要性を提案したのも先生が最初です。

　私の保育活動は、障害児の通園教室「つむぎ子ども教室」（現在のNPO法人つむぎ子育て研究所の前身）から始まりました。教室での実践を通して、「障害」と診断された子どもでも、その生活や遊びの仕方によっては、発達の可能性が著しい広がりを見せていくことを実感してきました。

　現在、私が園長を務めている「ムーミン保育園」は、1980年に創立され、河添先生が提案された「早寝・早起きの生活リズム」と「午前中の昼寝」を取り入れた保育を行なっています。ところが、保育を行なううちに、保育目標のなかに、あるいは日々子どもと接している保育士たちの間で、「何を理論的な根拠として、どう見通しをもって子どもたちを育てていけばいいのか」という、子育ての科学と発達の見通しが不足していることに、気づきました。

　たとえば「午前中の昼寝」を取り入れていましたが、「給食の時間になると眠たくなって給食を食べられなくなるから、その前に昼寝をする」という理由で昼寝をさせるなど、きわめて経験的で「くわしくは知らないけれど、よいと聞いているから取り入れている」というあいまいな理解のしかたで保育が行なわれていたのです。

　しかし、「子どもが好きだから、自信と誇りをもって保育をしたい」という、まっすぐな保育士たちが、休憩時間の確保もままならない状態で、一生懸命働いていました。その明るく熱心な姿を見るにつけ、私は「保育士たちに乳幼児保育の醍醐味を伝えたい」と思うようになりました。

　ムーミン保育園のその後のあゆみについて

は、園の紹介（134ページ参照）に譲りますが、園長という立場に就いて改めて、保育士、保護者、子育てに関わるすべての人に、「子育てにおいて大切なことは何かをわかりやすく伝えていくのが私の役割ではないか」という思いを強くしています。

　私は、長年障害児の保育を学んできましたが、障害児保育はもちろんのこと、すべての子どもたちの子育てに「生体の生活リズム」の理論に基づいた保育実践がいま、改めて重要になっていることを痛感しています。障害児の発達にとって必要なことを「健常」と呼ばれている子どもたちに実践していくと、その育ちはいっそう目覚ましいことも事実です。また、2007年度より、特別支援教育法により障害のある子どもたちも地域の保育園に通うようになったこともあり、保育園でも「発達障害」を抱えた子どもたちが年々増加しています。

　「一人ひとり違っていてもいい。その子なりの発達でかまわない。障害も発達の遅れも個性の一つとみなして、受け入れていこう」。こうした考え方で、子どもの発達の権利が保障されたり、保護者の願いがかなえられるのでしょうか。現に、保育や教育の現場では、こうした考え方では保育実践が成り立っていかないことを実感しています。

　どの子も発達する権利があり、大人は子どもをより良く育てる義務を負っているのです。その際、よりどころとなるものは科学に裏付けられた発達の理論です。

　本書は4章の構成になっています。第1章、第2章では現代の子どもが抱えている発達上の問題点をまとめ、第3章、第4章では、子どもたちの発達に関する課題をどのようにとらえ、どんなとりくみをしていったらいいのかを提案しています。

　1つの項目について、それに関係した図表を掲載して、まとめや整理がしやすいように工夫しました。はじめから読んでいただいても、関心のある項目から順次読んでいただいても良いと思います。

　日々の保育実践や保護者のみなさまの子育てに、少しでもお役に立てれば幸いです。

あそびの杜保育園園長　**相馬範子**

もくじ

● 本書を読まれるみなさまへ

第1章 今までとは違う 子どもが育つ環境が悪化している

01 子どもたちが抱えている発達の3大ストレス……………………………… 8
02 ヒトとしての生体の生活リズムが乱れている……………………………… 9
03 子どもの睡眠が乱れている……………………………………………… 10
04 脳の働きを全体として見ると……………………………………………… 11
05 生き生きと生活するための脳＝視床下部………………………………… 12
06 メラトニンを分泌する脳＝松果体………………………………………… 13
07 睡眠中に分泌される睡眠同調ホルモン…………………………………… 14
08 睡眠中でも脳は活動している……………………………………………… 16
09 睡眠の悩みは、生活習慣を見直す良い機会……………………………… 18
10 食生活が乱れている……………………………………………………… 19
11 朝食がもっとも大切……………………………………………………… 20
12 食べる力も育てていくもの………………………………………………… 21
13 子どもの偏食をなくす…………………………………………………… 22
14 そしゃく力を育てる……………………………………………………… 24
15 家族が一緒に食べて共感しあう食卓……………………………………… 25
16 食は子どもの命を守り育てる……………………………………………… 26
17 生体の生活リズムと朝の排便習慣………………………………………… 28
18 子どもが外遊びをしなくなっている……………………………………… 29
19 子どもの体力　身体的能力と精神的能力が低下している……………… 31
20 外遊びが体力を強化する………………………………………………… 32
21 外遊びには4つの効果がある……………………………………………… 33
22 テレビが子守りをしている………………………………………………… 34
23 大脳前頭葉が育っていない……………………………………………… 36
24 乳幼児がテレビを一人で見ている………………………………………… 37
25 テレビゲームの長時間使用の弊害………………………………………… 38
26 コミュニケーション能力が低下している………………………………… 39
27 重圧を感じる子どもたちが増えている…………………………………… 40
28 子育て態度の5大罪悪…………………………………………………… 41
29 ヒトの脳は柔軟性に富んでいる…………………………………………… 43

第2章 さまざまな形で現われている 乳幼児期の発達の弱さ

30 乳幼児期の発達の3つの弱さ……………………………………………… 46
31 運動・睡眠・ことばの発達の弱さ………………………………………… 47

㉜ ある市の2・3歳児の親子教室 …………………………… 48
㉝ はう運動が手の操作性を育てる ……………………………… 49
㉞ ヒトの一生における睡眠の変化 ……………………………… 51
㉟ 途中で起きて泣く眠りに問題がある赤ちゃん ……………… 52
㊱ 0歳児・1歳児　情緒が発達していく ……………………… 53
㊲ 喃語から反復喃語へ　やがて一語文に ……………………… 55
㊳ 保護者が気にしている子どもの発達の問題 ………………… 56
㊴ 「幼・保・小」の子育ての連携　手先の不器用さ ………… 57
㊵ 幼児期の歩く力の弱さ ………………………………………… 58
㊶ からだの動かし方がぎこちない子どもたち ………………… 59
㊷ 手の働きの育ちが弱い子どもたち …………………………… 61
㊸ 気持ちよく起床できないのは睡眠に問題があるから ……… 62
㊹ 睡眠リズムと体温リズムが乱れている子どもたち ………… 63
㊺ 成長ホルモンは子育てホルモン ……………………………… 64
㊻ 睡眠不足では情緒が不安定になる …………………………… 65
㊼ ことばの発達を子どもの「育ちの総合力」ととらえる …… 66
㊽ 内的言語の発達が遅れている子ども ………………………… 67
㊾ ことばや認識力の発達が大切 ………………………………… 68
㊿ キャラクターごっこは望ましい遊び？ ……………………… 69
51 軽度障害を疑わせる子どもたちが増加している …………… 70
52 軽度障害と脳の働きの未発達 ………………………………… 71
53 脳の働きを低下させるストレス刺激 ………………………… 73
54 子どもの問題行動を見極める ………………………………… 74

第3章　子育てに発達の理論と科学を

55 子どもの発達課題　人間の特徴を育てる …………………… 78
56 就学前に身につけたい力 ……………………………………… 79
57 日中の活動と夜の眠りが脳の働きを成長させる …………… 80
58 早起きの生活リズムでセロトニン系神経を強くする ……… 81
59 科学的根拠のある子育ての手抜き法 ………………………… 82
60 全身の抗重力筋を育てからだの姿勢を保つ ………………… 83
61 あおり動作歩行を発達させる ………………………………… 84
62 筋肉運動を十分にして脳を発達させる ……………………… 85
63 運動エネルギーの効率を上げる ……………………………… 86
64 創造的な手の働きを育てる …………………………………… 88
65 子どもにさせたい上肢の大きな運動 ………………………… 89
66 手の働きを育てる運動や遊び ………………………………… 90
67 手の働きと脳の働き …………………………………………… 91
68 家事労働に参加させよう ……………………………………… 92
69 ことばを理解し・ことばを話す ……………………………… 93

70	大脳の働きとことばの発達	94
71	ことばの発達の土台　噛む力と呼吸の力	95
72	認識力とことばの育ち	96
73	対話力・内的言語の発達	97
74	精神力　人格性を育てる	99
75	ヒトとしての能力　社会・集団の中で自律性と自立性が育つ	100
76	子どもの依存性と自律性	101
77	自立性の育ちに必要な力	103
78	家族としての役割りを与える	104
79	自治力の育ちに必要な力	105

第4章　発達の理論を軸にした保育

80	誕生してから乳幼児期の遊びの発達	108
81	脳の発達準備　0歳から歩き始めるまでの子育て(1)	109
82	発達のとびこし　0歳から歩き始めるまでの子育て(2)	111
83	ゆさぶり遊びで快の交流を　0歳から歩き始めるまでの子育て(3)	112
84	めざましい成長　飛躍的な成長期　1〜3歳までの子育て(1)	113
85	ことばを話すために真似する力が必要　1〜3歳までの子育て(2)	114
86	1・2歳児の発達の特徴　1〜3歳までの子育て(3)	116
87	幼児期前半の終了を目指して　1〜3歳までの子育て(4)	117
88	生活リズムと運動能力の獲得　3歳から就学前までの子育て(1)	118
89	3〜4歳児は「ごっこ遊び」の時代　3歳から就学前までの子育て(2)	119
90	「鬼遊び」が大好きになる4〜5歳　3歳から就学前までの子育て(3)	120
91	5歳児にさまざまな道具を使うことに挑戦させる　3歳から就学前までの子育て(4)	121
92	自立性・力強さ、安定感が増す5歳児の課題　3歳から就学前までの子育て(5)	122
93	就学に向かう子どもの育ち　3歳から就学前までの子育て(6)	124
94	眠りは命・育ち・学習などの保障の基盤	125
95	満足するまでからだを動かす　呼吸・運動・ことば・脳の働き	127
96	絵本の読み聞かせ・素語りを聞かせる	128
97	ほめることも・叱ることも大切	129
98	毎日を満足な快い生活の連続に	131

● 参考文献・参考になる本

● あとがきにかえて

第1章

今までとは違う子どもが育つ環境が悪化している

図01 発達を阻害する３大ストレス

 ①生体の生活リズムが乱れている

 ②からだを動かして遊ぶ環境が少なくなっている

 ③人間関係が希薄になっている

01 子どもたちが抱えている発達の３大ストレス

●ヒトの特徴を育てる

いま、子どもたちを取り巻く環境は、「子どもが育ちにくい環境」だといわれています。また、「子どもの発達を保障する」ということばをよく耳にします。しかし、その中身は曖昧であったり科学的な根拠を欠いていたりすることも多いのではないでしょうか。

私は、「子どもが育つ」とはヒトとして発達していくこと、「子どもの発達を保障する」を一言で言えば「ヒトとしての能力の獲得」を保障すること、と考えています。私の恩師である元高知大学教授の河添邦俊先生は、「ヒトの特徴を育てる」ことが保育と教育の基本であり、とりわけ障害児保育・教育の中心課題が、そこにあることを強調されました。

ヒトが進化の過程で獲得してきた（ほかの動物とは異なった優れた能力）ヒトの特徴は何かと考えた時、立って歩くこと、道具を使う手の働き、ことば、知的精神活動、文化社会集団の形成などたくさんの項目を挙げることができます。

小学校６年生のわが子を見ていても、保育園の子どもたちを見ていても、ヒトとしての特徴を身につけ、生き生きと健康に育つことができるような、環境がどんどんやせ細っているように思えてなりません。子どもたちの間にある種の社会病理現象が起きていることを懸念さえしています。

●発達を阻害する３大ストレス

私は、子どもの望ましい発達を阻害している３つの要因を「子どもたちが抱えている発達の３大ストレス」と呼んでいます。

生体の生活リズムの乱れ……ヒトが健康で生き生きと生きていくための生体の生活リズムの乱れは発達を阻害する大きなストレスです。子どものからだ（脳とこころ）が健康に育っていくためには規則正しい生活が不可欠です。

遊び環境の欠如……いまの子どもたちは、十分な遊び（運動）を実現できない環境に置かれています。遊びや運動によってからだが育ち、くり返しの筋肉運動で脳の働きが高次化しますが、これが十分に保障されていないのです。

コミュニケーション能力の低下……「いじめ」「不登校」「ひきこもり」「キレル」「ムカツク」などの社会的不適応現象の増加を見ても明らかなように、人間関係が希薄になり、コミュニケーション能力の低下によって人間関係のストレスが増加しています。子どもたちも人間関係で悩み、大きなストレスを感じて生きています。

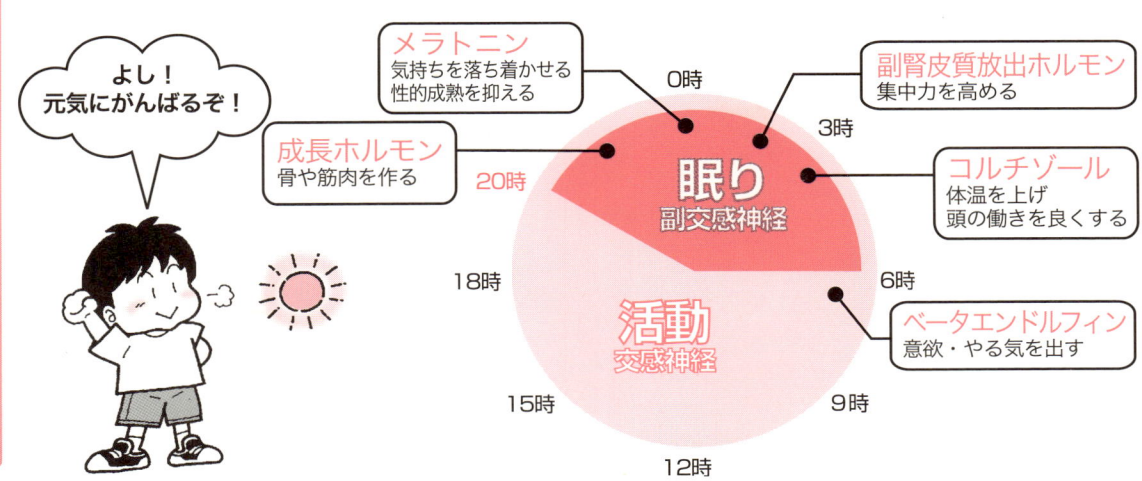

02 ヒトとしての生体の生活リズムが乱れている

●ヒトは昼行性の動物

私たちは本来、夜は眠って朝に目覚め、昼間活動する昼行性の動物です。ところが、照明が普及して以来、昼夜の差がほとんどなくなり、24時間絶え間なく活動するようになりました。いまや病院もコンビニも、保育所までも24時間営業を売り物にし始めています。

夜勤・深夜勤・早朝勤務など、24時間稼働体制で働かざるを得ない社会に生きるため、人は、さまざまなストレス性疾患やアレルギー性疾患、ガン、うつ病などの精神疾患、過労死などの病気に襲われます。それから身を守るためには、個人だけの努力では限界があり、社会全体でこころとからだの健康を防衛していくことが必要になっています。

●体性神経と自律神経

私たちのからだは、大きく分けると2つの神経によって支配されています。1つは体性神経です。自分で意識してコントロールすることができる神経です。もう1つは自律神経で、意識して動かすことができない神経です。たとえば、心臓の鼓動、胃や腸などによる消化・吸収の働き、ホルモンの分泌、血圧、発汗、産熱などは私たちが意識しなくても、からだをいい状態に保つように働きます。

●交感神経と副交感神経

この自律神経はさらに、その働きによって交感神経と副交感神経に分けられます。交感神経は主として日中の活動的な運動に適応できるように働き、その反対に、副交感神経は昼間働いた交感神経を休めながら、眠っている間にからだの状態を整える働きをします。

●神経系のバランスが大切

この交感神経と副交感神経の働きがアンバランスな状態になると、からだはストレスを感じて不定愁訴が現われます。不定愁訴とはこれといったからだの器質的な病変が見出せないにもかかわらず、からだが重い・疲れが残る・肩こりや頭痛がする・めまいがするなどの状態が現われることです。不定愁訴がくり返し起こる不健康な状態はやがて自律神経失調症と呼ぶ病気に移行していきます。

健康な毎日を送るためには、朝、目覚めると交感神経主導型に切り替わって、日中の生き生きと活動が可能になり、夜には副交感神経主導型になって脳やからだを休息させながら守り育てるような生活が望ましいのです。

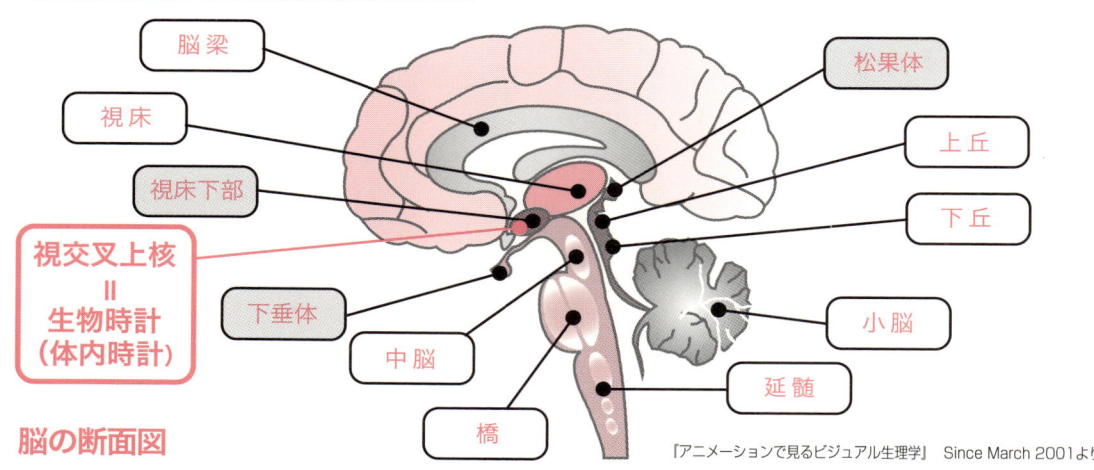

図03 ヒトの脳の時計の場所

脳の断面図

『アニメーションで見るビジュアル生理学』 Since March 2001より

03 子どもの睡眠が乱れている

●脳の中にある時計

　日中生き生きと活動するために働く交感神経、夜になるとからだを休めて翌日の活動の準備をする副交感神経、内分泌（ホルモンの分泌）機能を全体として総合的に調節しているのは、ヒトの脳では、中脳の上にある視床下部という部位です（図03参照）。

　昼と夜を区別することができ、からだに一日のリズムをつくることができるのは、副交感神経（自律神経）の働きに加えて、脳の中に体内時計（生物時計）があるからです。この体内時計はヒトだけでなく、地球上のほとんどの生き物の体内にあり、地球の自転にほぼ等しい約24.5時間周期を刻んでいます。

●時を刻む脳の細胞

　ヒトを含めた哺乳類では、体内時計は脳の視床下部視交叉上核にあります。この核に集まっている2万個ほどの細胞が昼は活動を高め、夜は鎮静するしくみでリズムが刻まれます。不思議なことにこの特殊な脳の細胞は、真っ暗な場所でも、約24.5時間周期のリズムを刻みながら、朝の光をキャッチすると体内時計を地球時間にセットし直します。ですから、明るさの変化がない場所で寝起きしていると、地球の周期とだんだんズレてしまいます。

●「生体の生活リズム」がずれる弊害

　朝、太陽の光を浴びて活動を開始すると、からだも脳も交感神経主導に切り替わります。睡眠から覚めて日光をからだに感じることで、生体の生活リズムが地球の周期と同調します。

　遅くまで照明の光が強い明るいところで起きていたり、朝起きるのが遅く朝の光をしっかり浴びなかったりすると、睡眠、体温、ホルモンの分泌などが正常に営まれず、一日24時間の生体のリズムも刻まれません。リズムをきちんと刻むことができなくなるのです。その結果昼も夜も寝たり起きたりとメリハリのない、だらだらとした生活しかできなくなってしまうのです。

　社会生活を営むためには、毎朝きちんと早起きをして、太陽の光を浴びて、「生体の生活リズム」を守り育てるような生活を心がけていく必要があります。

図04 脳の3つの働き

脳の3つの働き

①命を健康に守り育てる脳
・生きるための意欲の中枢と情緒の源
・生体の生活リズム

②知る働きを統合する脳
・視覚・聴覚・空間認知など末梢神経からの情報の統合・情報の記憶と整理

③よりよく生きて行動するための脳
・社会性・言語性・行動性・感情性・創造性などの人間らしさ

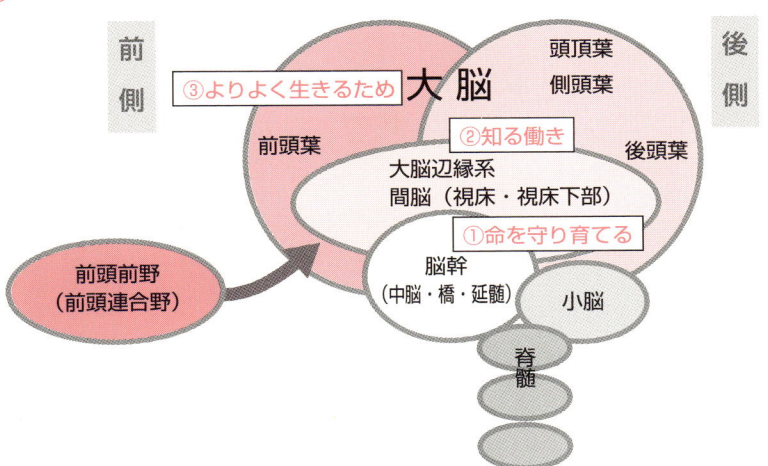

04 脳の働きを全体として見ると

●脳が発達する順序

　人間の脳は他の動物と比べものにならないほど高度に発達していますが、脳にも発達していく順序性があります。

　図04を見てください。脳の各部の名称と3つの働きですが、脳は下から脊髄、延髄、橋、中脳の順に脳幹部から発達していきます。中脳の上には視床下部、視床と呼ばれる脳幹と大脳をつなぐ間脳があります。大脳辺縁系は、間脳と大脳のつなぎ目をグルッと覆うような形で位置しています。さらに間脳の上に大脳が位置しています。

　大脳には深い溝（いわゆる脳のシワ）があり、後ろから後頭葉、側頭葉、頭頂葉、前頭葉に分かれます。大脳も発達する順序があって、後側から前側へと発達していき、前頭葉は最後に発達します。ヒトの場合、前頭葉がとくに発達していて、とりわけ前頭前野と呼ばれる前頭葉の前部分は最高度に進化しています。小脳は脳幹の後ろ側に位置しています。

　最高度に進化した人間の脳の働きはとても複雑で、脳科学が進化している現在でも、その働きもよくわからないところも多いのですが、つぎの3つに分けて考えてみることができます。

●命を守り育てる脳

　1つ目は、脳幹部と間脳の視床下部さらに大脳辺縁系を中心にした「命を守り育てる脳」です。私たちが毎日健康で生き生きと生活していくために働いている脳で、直接的に生存にかかわっているところです。生きる意欲・欲望の中枢・情緒の源・記憶の源・生体の生活リズム・脳の覚醒状態をコントロールしています。木にたとえると、太い根と幹の部分で、土台がしっかりしていないとのびやかに成長しません。乳幼児期にこの「命を健康に守り育てる脳」を強く育てることが、子育ての中心課題の1つであると考えています。

●知る働きを統合する脳

　2つ目は、視床と大脳の後頭葉、側頭葉、頭頂葉の「知る働きを統合する脳」です。視覚・聴覚・空間認知などさまざまな末梢神経からの情報の統合・情報の記憶と整理を担当しています。私たちが五感（視覚・聴覚・触覚・嗅覚・運動感覚）から得た情報刺激は、からだの末梢神経から脳（中枢神経）の脳幹部を通って、いったん視床に集められます。視床を通った情報刺激は、後頭葉には視覚情報が、側頭葉には聴覚・嗅覚情報が、頭頂葉には運動感覚（体性感覚）の情報が集められ、各部位で従来の記憶と

図05 視床下部の働き

視床下部の働き

① 本能行動（欲望・欲求）の中枢
……食欲・性欲・飲水欲・睡眠欲・集団欲など
② 情動の中枢
……怒り、恐怖、不安、喜び、楽しさなど快と不快の情緒の源
③ 自律神経の中枢
……体温・血圧・呼吸・血液循環などのコントロール
④ 内分泌系（ホルモン分泌）の指令とコントロール
……下垂体、腎臓、子宮、乳腺などの機能を調節するホルモンを分泌
⑤ 生体の24時間のリズム＝睡眠と活動の日周リズム

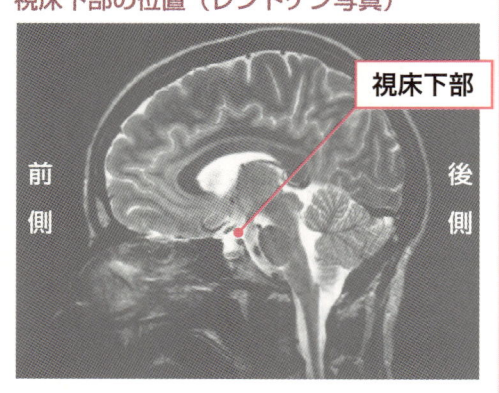

視床下部の位置（レントゲン写真）
視床下部
前側　　後側

照合して分析し、情報を再編成していきます。頭頂葉は、後頭葉・側頭葉・頭頂葉で再編成した情報をさらに統合する高次認識機能をもっています。側頭葉は再編成された情報を記憶するという働きを担っています。

●生きて行動するための脳
　3つ目は、前頭葉の「生きて行動するための脳」です。人間性（パーソナリティー）の座で、ヒトが幸福感を追求できるのもこの前頭葉のおかげです。社会性、言語性、行動性、感情性、創造性などの人間らしさが人格にまで高められていきます。前頭葉は最後に発達し、死ぬまで発達していく可能性があるといわれていますが、老化や未発達状態が起きやすい部位ともいわれています。

05 生き生きと生活するための脳＝視床下部

●視床下部の5つの働き
　脳の中心部に位置している視床下部は、私たちが健康で意欲的に生活していくことを保障してくれる脳です。視床下部の働きは、大きく5つにまとめることができます（図05参照）。

❶**本能的行動の中枢**……本能的行動の中枢で食欲・性欲・飲水欲・睡眠欲・集団欲などさまざまな欲望（欲求）の源、いい換えると生きる力の源ということができます。視床下部には摂食中枢（空腹中枢と満腹中枢）があり、食事すると満腹中枢が刺激され、満腹感が生じます。過食や小食、思春期やせ症（拒食症）、極端な偏食など食に関する不健康な状態は、この摂食中枢の働きが弱くなっていると考えられています。

❷**情動の中枢**……感情の元となる情動（情緒）の中枢で、快と不快の発現に関与しています。うれしい・楽しい・おもしろい・満足という快の情緒の時には、中脳と視床下部からドーパミンというホルモンが分泌されて大脳の前頭葉の働きを活発にします。反対に、恐怖や不安感・孤独感などの不快の情緒の時には、橋や中脳などの脳幹網様体から分泌されるアドレナリンやノルアドレナリンが大脳全域の働きを活性化します。精神安定のために働くセロトニンも視床下部を経由して大脳の働きを活性化します。

③**自律神経のコントロール**……自律神経（交感神経と副交感神経）をコントロールします。視床下部には体温調節中枢（温熱中枢と寒冷中枢）があり、血液の温度をモニターして体温のコントロールを行なうほか、血圧・呼吸・血液循環などをコントロールしています。自律神経の働きが弱まると自律神経失

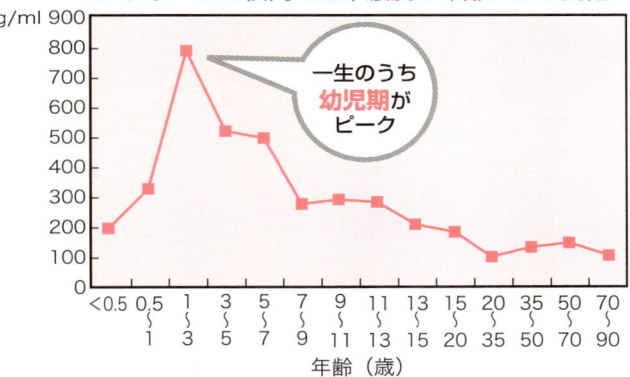

図06 メラトニンの働き

調症といわれる状態になり、動悸・めまい・頭痛・吐き気・冷や汗・ほてり・倦怠感などの症状が現われます。からだの調子が悪いと、食欲不振になったり、やる気が起こらなかったり、落ち込んだうつ的な情緒になります。

❹ホルモン分泌の中枢……内分泌系（ホルモン分泌）の中枢で、下垂体・腎臓・子宮・乳腺などのホルモンを分泌する器官が適切な時に働いて、それぞれのホルモンを適量分泌するように指示するためのホルモンを分泌します。

❺日周リズムの中枢……生体の生活リズム（睡眠と活動の日周リズム）をコントロールする中枢で、睡眠・活動・食事・体温・排便・排尿などのリズムをつくっています。視交叉上核の体内時計と協調して、からだの働きを調節し、日周リズムを規則的にくり返すために働いています。体温も睡眠やホルモンの分泌のリズムと関連しています。未明から副腎皮質刺激ホルモン（ACTH）やコルチゾールなどが分泌され、起床すると体温が上昇して脳やからだを目覚めさせ、活発に動けるようなしくみになっています。

 メラトニンを分泌する脳＝松果体

●松果体は内分泌器

図03を見てください。松果体（しょうかたい）は、左右の大脳半球の間に位置し、視床が結合する溝にはさみ込まれています。小豆ほどの大きさで、メラトニンというホルモンを分泌する内分泌器です。図06はメラトニンの血中濃度ですが、幼児期がピークになっています。松果体は思春期になると次第に小さくなっていって、更年期に入ると委縮していきます。

●眠りを誘うメラトニン

松果体は下等な動物では第3の眼とも呼ばれますが、明暗を感知し、光の量によってホルモンの分泌量を調整します。松果体は光の量が減ったことを感知するとメラトニンを分泌し、からだはそれを察知します。メラトニンは体内時計の調節を担う物質で、視床下部に情報を送って、脈拍、体温、血圧を低下させながら睡眠と覚醒のリズムをたくみに調整し、自然な眠りを誘うホルモンです。日中、メラトニンはほとんど分泌されず、夕方、暗くなってくると分泌量が次第に増えてきて、真夜中になるとさらに増加し、午前2時頃には分泌量がピークに達します。また、メラトニンは朝起きてから15～16時間、かつ眠ってから4時間くらいたたないと分泌されないともいわれています。

不眠・時差ボケなどの時は、つらくても朝起きて

図07 睡眠同調ホルモン

睡眠同調ホルモン

- **成長ホルモン** 骨や筋肉を育てる
- **メラトニン** 睡眠誘発・性成熟の抑制・自然治癒力
- **副腎皮質刺激ホルモン放出ホルモン(CRH)** ACTHの分泌を促す
- **副腎皮質刺激ホルモン(ACTH)** 副腎皮質に働きかけて活力・ストレス解消
- **コルチゾール** 体温上昇・活力を高める
- **性ホルモン**
  ・男性ホルモン(アンドロゲン) 性欲を高める・抗うつ
  ・女性ホルモン(エストロゲン) 記憶力を保つ
  ・黄体ホルモン 月経・妊娠などに関係
- **プロラクチン** 妊娠・出産・母乳・母性などに関係
- **ベータエンドルフィン** 元気・やる気

太陽の光を浴びて日中活動し、夜は早めに寝つくと、メラトニンがきちんと分泌して体内時計とのズレが解消されていきます。反対に、夜中に照明の下で仕事をしたりすると、光が目に入りメラトニンが放出されないので、体温も下がらず、眠気も起こりにくくなって睡眠障害の原因になります。

●**性の発達に関係するメラトニン**

メラトニンは、性機能の発達にも大きな役割を果たし、乳幼児期の豊富なメラトニンの量は性機能の発達を抑制し、分泌不足は早熟をもたらすと考えられています。図06のように乳児期から分泌量が増え始め、幼児期にピークになり、次第に減少していきます。70歳を超えると、メラトニンの分泌量は夜間・昼間で同じくらいになります。朝が早く、夜中に何度も目が覚めてしまう高齢者がいますが、メラトニンの不足によるものとされています。

●**新陳代謝や免疫系に関係するメラトニン**

最近の研究では、メラトニンが新陳代謝や免疫系とも密接に結びついていることが指摘されています。動物実験では、メラトニンを与えるとガン細胞を攻撃するNK細胞（ナチュラルキラー細胞）の数が増えたり、ウイルスを殺傷する食細胞の破壊力を高めたりする効果があるとされ、ガンの予防・老化防止の作用が注目されています。

このメラトニンの働きと分泌のリズムを考えると、子どもの成長発達にとっても、大人の健康維持にとっても夜間の光が好ましくないことがわかります。

07 睡眠中に分泌される睡眠同調ホルモン

●**ホルモンの働き**

私たちのからだは、最高度に発達した脳とその指令を伝える神経をもっています。しかし、それだけでは不十分で、成長、生殖、代謝、排泄など特定の組織や器官の活動を調節する生理物質が必要で、これをホルモンと呼んでいます。ホルモンはきわめて微量で効果を発揮しますから、いつ・どこで・何を・どれくらい・どんなふうに分泌すればいいのか、ホルモンの分泌には、緻密で正確なコントロールシステムが不可欠です。

●**日内変動があるホルモン**

ホルモンは、脳からの指令を受けて、体内の特定の組織または器官で生産され、血液に入って、特定の場所に運ばれます。ホルモンは視床下部、脳下垂体、甲状腺、副甲状腺、副腎、膵臓、生殖腺、胎盤、小腸、胃、などでつくられます。

図03を見てください。視床下部は、そのすぐ下に位置している脳下垂体を刺激してホルモン分泌をコントロールする中枢です。ホルモンには、一日の中で分泌量が増えたり減ったりするものがあり、それを日内変動といいますが、この日内変動を正常に保つことが大切なのです。日内変動が保たれていることで睡眠と活動のリズム、からだのバランス、安定した情緒が保たれます。

● 睡眠同調ホルモン

　日内変動のあるホルモンのなかで、夜寝ている間に分泌が増えるホルモンを「睡眠同調ホルモン」と呼びます。「睡眠同調ホルモン」はたくさんありますが、成長ホルモン、メラトニン、副腎皮質刺激ホルモン（ACTH）、ベータエンドルフィンが子育てを考える上で重要です（図07参照）。

　深い眠りの中では、脳下垂体から成長に欠かせない骨や筋肉を育てる成長ホルモンが分泌されます。朝6時、目覚める頃には、快楽ホルモンと呼ばれるベータエンドルフィンが分泌され、これによって気持ちの良い目覚めが得られ、その日一日を快適に過ごせる準備が整っていきます。

　日中の運動や楽しく満足な遊びが不十分であったり、生活リズムに乱れがあったり、入眠時の騒音・照明、病気、精神的ストレスなどで、睡眠障害が起こると、深い眠りの出現が徐々に遅くなり、朝方になって深い眠りが出現するようになるといわれています。こうした状態では、本来、明け方の浅い眠りの中で分泌される副腎皮質刺激ホルモンの量が少なくなってしまい、ストレスや疲労を解消しきれないまま、朝を迎えることになり、日中の活動が妨げられます。すると、日中の活動量が不足することで、夜に眠れなくなるという悪循環に陥ってしまいます。

　また、朝方に眠りが深くなると、膀胱に尿がたくさん溜って排尿したくても起きることができなくなり、子どもは夜尿してしまうという説もあります。

　ホルモンは本来、自分のからだの中で生産されるものですから、むやみに外部から取り入れてよいものではありません。外部から取り入れると、体内での生産が変調するともいわれています。女性の体内で一生のうちに作られる女性ホルモン量は、スプーン1杯程度といわれ、男性の体内でつくられる女性ホルモン量は、女性の約半分だといわれています。早起きをして昼間しっかり活動し、夜は早く眠り、眠っている間にホルモンを分泌させる、これが成長発達と健康維持の秘訣です。

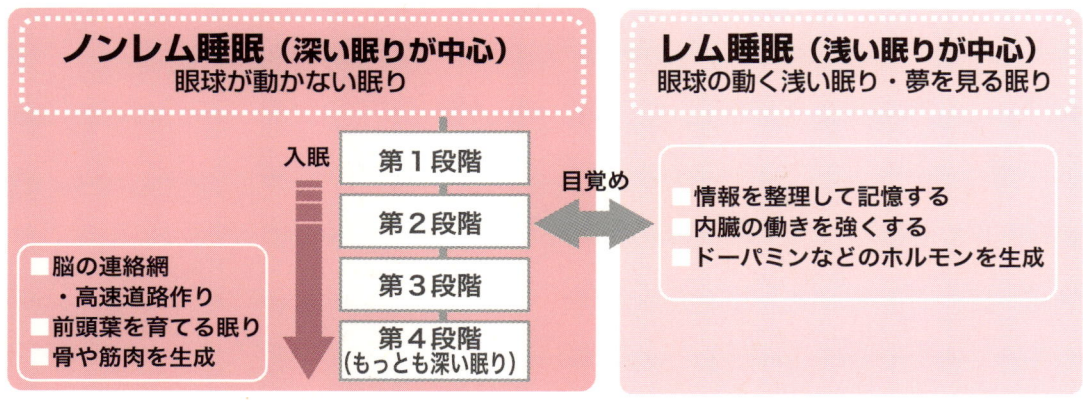

図08 2種類の眠り

 08 睡眠中でも脳は活動している

●2種類の眠り

夜の睡眠中でも、脳内は想像以上の活動を続けています。睡眠中の脳波を調べてみると、ヒトには2種類の眠りがあることがわかります（図08参照）。

レム睡眠……眠っている間でも眼球がまぶたの下で動いていることがわかる睡眠状態。夢を見る浅い眠り。

ノンレム睡眠……眠っている間、眼球がまぶたの下で動いていない睡眠状態。1〜4段階まであり、第4段階は最も深い眠り。

●睡眠の90分サイクル

このレム睡眠とノンレム睡眠が約90分サイクルで交互に出現し、就寝から目覚めるまでの間に4、5回くり返されます。眠りに入ると、眠りはどんどん深くなってノンレム睡眠第4段階の状態に入っていきますが、1時間ほど経つ頃には、眠りは少しずつ浅くなり始め、約80分後にレム睡眠に入ります。最初のレム睡眠は約10分持続します。一晩の眠りの前半はノンレム睡眠（第3段階と第4段階の深い眠り）が多く出現し、明け方に近づくと、レム睡眠が長くなり、最大20分程度になります。この90分サイクルは、5〜10歳程度の時期に形成されることがわかっています。

●ノンレム睡眠は「脳の眠り」

ノンレム睡眠の時は大脳の活動レベルが低下します。体温は少し低くなり、呼吸や脈拍は非常に穏やかになってきて血圧も下がります。筋肉の活動は休止しませんが、大脳の活動が休息状態に入るため、「脳の眠り」という呼び方もされます。ノンレム睡眠の間に細胞の新陳代謝が活発になり、免疫力が強化されるといわれています。

とくに眠りに落ちてからの最初の3時間ほどの第3・第4段階の深い眠りの中で、脳下垂体から成長ホルモンが集中的に分泌されることがわかっています。第4段階のもっとも深い眠りはヒトの眠りにしかなく、深い眠りの中で、大脳の前頭葉が守り育てられていると推測されています。ノンレム睡眠の深い眠りの最中に強制的に起こされると、脳は休止状態からすぐさま活動を開始することができず、いわゆる「寝ぼけた」状態になり、起きても気分がすっきりせず、一日不機嫌でボーっとしています。

●レム睡眠は「夢見睡眠」

一方、レム睡眠は浅い眠りなのですが、脳は起きている時のように活発に働いているので、「逆説睡眠」とも呼ばれています。真夜中の午前2時頃から、朝起きるまでの時間帯に多く出現します。この時、

脳は活発に働いていて、交感神経が緊張状態になって体温や脈拍数が上昇します。また、この眠りは「夢見睡眠」ともいわれ、脳は深い休息状態に入っていないため、夢を見ていることが多いようです。夢から目が覚めたというのは、このレム睡眠から目覚めたということです。

　最近の睡眠研究には、「レム睡眠中は、昼間見たり、聞いたり、触れた事を、一時的な記憶ではなく、長期的な記憶に固定する役割があり、また、昼間の学習が多ければ、レム睡眠も増える事が確認されている」という説もあります。赤ちゃんの睡眠は約半分がレム睡眠で占めており、成長とともにレム睡眠の時間が減少していきます。このことからレム睡眠は脳の発達や内臓の働きを強くする重要な働きがあるのではないかという指摘があるようです。また、レム睡眠中には、ドーパミンなどのホルモンが生産されることもわかっています。

● 脳の温度を保つしくみ

　もし、最初から最後までノンレム睡眠だけだと、長時間にわたって脳の活動レベルが休息状態となり、脳の温度が下がってしまい、起きた時に正常な活動レベルまで回復するのに時間がかかってしまいます。このため途中にレム睡眠を出現させることで、脳の温度が下がりすぎることを防止していると考えられています。

　すっきりと目覚めて、朝から元気に活動できるのは、レム睡眠・ノンレム睡眠によって睡眠中の脳内活動がコントロールされているからです。

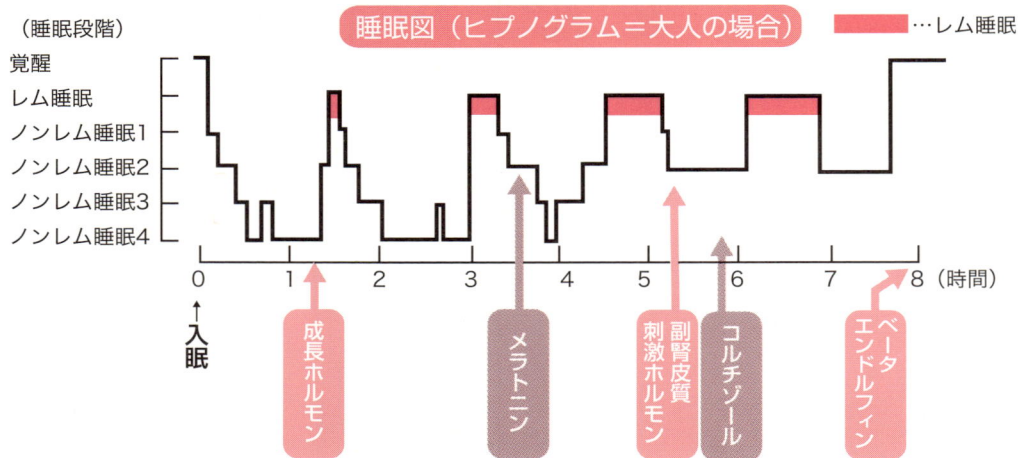

図09 眠りの変化と睡眠同調ホルモン

09 睡眠の悩みは、生活習慣を見直す良い機会

●生活習慣・体調を見直す

　都市部を中心に生活時間帯がどんどん遅くなり、睡眠時間は削られる一方です。24時間活動型の「ストレス社会」では、「眠れない・寝付けない」「夜中に何度か目が覚める」「眠っても翌朝まで疲れが残る」「昼間も眠い」など、多くの人たちが睡眠に関する悩みを抱えています。不眠は、頭痛と同様、「症状であって病名ではない」といわれますが、さまざまな症状が現われます。睡眠の悩みは、自分の生活習慣や体調について、見直す良い機会です。不眠にはさまざまな原因があります。

●体内時計の乱れ

　体内時計が感じる時間1日24.5時間と実際の時間24時間との間にズレがあるため、体内時計の乱れが出ている状態だと、眠くなる時間も自然にズレてしまいます。朝寝坊や夜更かしが習慣化してしまった人や、働く時間が昼間だったり夜間だったりする人では、体内時計が正常に機能していないことがあります。

●病気やけが、身体的不調

　肩こり、腰痛、眼精疲労、更年期障害、かゆみ、冷え性、発熱、頻尿などの体調不良、呼吸器疾患、循環器疾患、本人に自覚症状がない病気によって、不眠が引き起こされていることがあります。

　アトピー性皮膚炎や気管支喘息、アレルギー性鼻炎などアレルギー症状がひどいと、十分に睡眠をとることができなくなり、症状が悪化します。治療のためにも十分な睡眠が必要だといわれています。子どもの場合、「睡眠機能が正常に発達すると、アレルギーをもつ子たちは過剰なアレルギー反応を調節することができるようになる」と唱える人もいます。

●こころの病気や精神的ストレス

　「うつ」「統合失調症」に代表されるこころの病気も不眠の原因となります。「うつ」を原因とした不眠の場合、本当に一睡もできない日が続くなど、深刻な状況になる場合もあります。大きな出来事（たとえば死別、結婚、出産、引越し、転勤など）があったり、職場や夫婦間・親子間の人間関係のもつれが原因でストレスを受けたりすると、心身ともに緊張状態になり脳が極度に覚醒することがあります。筋肉に余計な力が入り、血管も収縮するため、血行が悪くなり眠りにくくなります。ぐっすり熟睡できず、夜中に何度も目が覚めてしまいます。こうした精神的負担、不安、緊張によるストレスが不眠を引き起こすことは少なくありません。

図10 食生活の乱れ

朝食の不足・欠食
・朝ごはんが食べられない
・食べる時間・作る時間がない
・食事時間が不規則

偏った栄養摂取
・偏食（野菜嫌い）
・そしゃく力の低下
・味覚の歪みや未発達

孤 食
・家族で食卓を囲む機会が少ない
・食事時間がバラバラ

家庭の味の喪失
・和食軽視
・生産と調理過程が見えない

食事のリズムとバランスの崩れ→不健康→未発達・育ちの弱さ

10 食生活が乱れている

●飽食の時代の食育

2005年、政府は「食育基本法」を制定しましたが、今では、多くの保育園、学校で積極的に食育に取り組んでいます。

「グルメブーム」といわれる時代に、「食育基本法」が制定された背景には、子どもたちの深刻な食生活の状態があります。朝食欠食、偏った栄養摂取、孤食、家庭の味（おふくろの味）の喪失などがあり、それによって、肥満・痩せ・発育不良などの身体的問題や味覚の歪みや未発達、そしゃく力の低下、「キレル」といわれる精神的な問題が指摘され、子どもたちのこころとからだの健康が深刻になっていることが明らかになってきたからです。

●大人の食生活の乱れ

子どもの食生活の乱れは、大人の食生活の乱れと直結しています。小学校に上がる前後の子どもの基礎代謝は高く、本来なら太る暇などないくらいよく動いているはずなのです。そんな時期に肥満傾向にあるのは、食事生活だけでなく、生活全般に問題があると考えられます。

親の食事や生活習慣は、子どもの肥満に多大な影響を及ぼします。夜7時を過ぎての遅い時間の夕食、不規則な間食や就寝前の飲食などは、大人にとっても不健康な状態を作る一因です。遅い時間に夕食をとると、必然的に就寝時間が遅くなり、当然、朝は食欲があまり出ません。朝ごはんをしっかり食べることができないと、午前中、エネルギーが不足して、からだも脳も働きにくくなって、起きていてもボーっとした状態になります。昼頃からだんだんとエンジンがかかってくるという悪循環をくり返してしまいます。

こうした健康にとって好ましくない生活は、大人では一時的なら何とか耐えていることができるのですが、これからどんどん成長していかなければならない未発達の子どもたちにとって、心身ともに大きなダメージになることは容易に想像できます。

●低血糖状態と「キレル」状態に

数年前から、感情のコントロールがうまくできない子どもたちが多いことが報告されていますが、食事の面から考えると、つぎのような点が指摘できます。スナック菓子やファーストフード、炭酸飲料など血糖値を一気に上げるものをとり過ぎると、その反動で血糖値は急激に下がり、脳が低血糖状態になってしまいます。するとストレスに打ち勝つためのアドレナリン（別名攻撃ホルモン）が、多量に分泌されて脳に働きかけます。

図11 脳のエネルギー源は食事から

3食のうちで朝食が最も大切
- エネルギー代謝のホルモンは、朝から夜にかけて分泌し、朝のうちの分泌が高い
- 睡眠によって下がっている体温を上げるため

朝食は米飯・和食がいい
- ゆっくりと血糖値を上げ、長時間ブドウ糖を補給
- 糖質、たんぱく質ともに優れている
- おかずを豊富に取りやすい

調和よく、たんぱく質も野菜も大切に
- 朝の排便の習慣をつけるために、食物繊維をたっぷり
- 主食、主菜、副菜を揃えてバランスよく

おなかがすくと怒りっぽくなり、イライラしますが、これは低血糖状態によるものです。これが習癖化したものが「キレル」状態だと考えられます。「キレル」と暴力的なりますが、集中力や忍耐力、自己表現力、人間関係を築く力が低下していることを象徴している状態と考えています。

11 朝食がもっとも大切

●脳のエネルギー源ブドウ糖

生体の生活リズムの調節にもっとも重要な役割をもっているのが睡眠、2番目に重要なのが食事です。なかでも朝食は、一日の活動を始動させる引き金の役割を果たしています。

脳のエネルギー源となるのはブドウ糖（炭水化物）だけです。しかもブドウ糖は脳に蓄えておくことができません。睡眠中も活動する脳はブドウ糖を消費し続け、朝にはエネルギー不足になっています。朝起きた時には、肝臓に蓄えているグリコーゲンも使い果している状態ですから、朝食で糖分を補給しないと、脳の働きは鈍り、眠気がとれない、集中力や運動能力や記憶力が低下するなどの影響が現われます。

■低血糖状態を招く食事

朝食をインスタント食品や菓子パン、清涼飲料水で代用して、空腹を満たしていると、ビタミンやミネラル、食物繊維が不足する一方で、糖質や脂質のとりすぎになります。糖質をとると一時的には満腹感を得られるので、きちんとした食事を食べられなくなります。糖質の摂取が多いと、これを代謝するためにビタミン B_1 が足りなくなり、からだがだるくなります。またスナック菓子やインスタント食品ばかり食べると、カルシウムを分解するリンの摂取が増えてカルシウムが不足しがちになります。

朝食がパン、うどん、ラーメン、パスタなどが中心になると、血糖値の上昇と下降がくり返されている危険性があり、これにジュースやお菓子など砂糖類の摂取が多くなると、インスリンの分泌が頻繁に行なわれるようになります。慢性的な低血糖状態になると、感情のコントロールにまで影響を与えるようになります。

●学力調査と朝食との関係

2008年度も、東京都教育委員会の「全国学力・学習状況調査報告書」では、小学5年生から中学3年生までの学力調査と朝食との関係が発表されました。それによると、毎日朝食を食べていない子、あるいはときどき食べる子どもの割合は、全国平均では

図12 食事のポイント

DIT（食事誘導性体熱産）は朝が高い

エネルギー代謝のホルモン
- コルチゾール
- グルカゴン
- インスリン

- 朝食を豊かに
- 夕食は早い時間に、軽く
- おやつは軽い食事として
- 水をたくさん飲む習慣を
- 食事は薄味で、甘さ控えめに
- そしゃく力を育てるものを

12.9％とされています。そして、毎朝朝食を食べている子どもの国語と算数の平均正答率は64.6％でもっとも高く、朝食をまったく食べない子どものそれは45.8％で、18.8％もの差があったとされています。

大人も子どもも、一日の始まりを準備万端で迎え、生き生きと活動するのにふさわしいコンディションを整えるためには、早起き・早寝・きちんと朝食が大切です。朝食にお勧めしたい献立は、ご飯とみそ汁に主菜・副菜という和食の定番です。ご飯はパンよりも腹もちがよく、消化吸収がゆっくりですから、長時間にわたってブドウ糖が補給されます。

12 食べる力も育てていくもの

● **朝食はたっぷり夕食は軽め**

食べたものを消化吸収してエネルギーに変えていくコルチゾール、グルカゴン、インスリンなどのエネルギー代謝のホルモンは、朝から分泌が始まり、夜になると分泌が減っていきます。また、DIT（食事誘導性体熱産＝食事を消化吸収する過程で出る熱）は、朝がもっとも高く、時間が経つにつれて低くなります。このため、朝食はたっぷりと、夜は軽めに食べるのが生体のリズムに合っているのです。

● **3度の食事でリズムを作る**

朝食をいつも同じ時間にとると、からだはそろそろ栄養が入ってくる時間だと予想して、からだが目覚め、空腹を感じて消化機能も高まっていきます。栄養の消化・吸収がベストの状態で3度の食事をとるためには、朝食・昼食・夕食ともに、決まった時間に食べることが大切です。

● **エネルギーや栄養素の必要量が高い**

成長期にある子どもは、成長発育に伴う組織新生のためにも、からだが小さい割にエネルギーや栄養素の必要量が高いのです。しかし、それに比較して、胃の容積が小さいなど消化機能が十分発達していません。3度の食事だけで必要な栄養量を満たすのは困難です。しかも、子どもは糖を体内にためておく「耐糖能」が未熟なので、食間におやつなどで糖を補給するが必要があります。また、新陳代謝が活発で水分要求量も大きく、定期的に水分補給をしてやることも不可欠です。

● **おやつで栄養補給**

このような理由から、おやつを軽い食事と位置づけた上で、その内容や食べさせ方を考えることが大切です。不適当な内容のおやつや食べすぎ、不規則な食べさせ方をすると、子どもの健康を害すること

図13 嫌いな食べもの

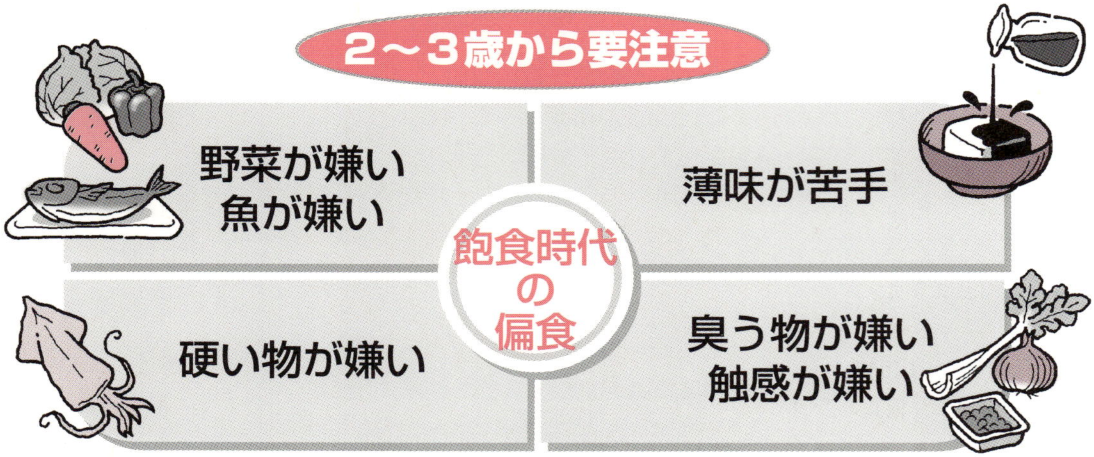

2～3歳から要注意

野菜が嫌い
魚が嫌い

薄味が苦手

飽食時代の偏食

硬い物が嫌い

臭う物が嫌い
触感が嫌い

になります。子どもにとって、おやつは食事の一部として重要ですが、食事のさまたげとならない程度で、しかもある程度、満腹感を得ることのできる量であるように気をつけなければなりません。

おやつというと、どうしても菓子類など甘いものが多くなりがちですが、甘味の少ないものを選んで食べるようにしましょう。ダラダラ食べたり、食事前にアメやお菓子をつまんだりするのは厳禁です。

●**夕食のとりかた**

夕食後の活動量は昼間より少なくなりますから、エネルギー消費も低下します。したがって夕食は、朝食・昼食よりも量を少なめにして、消化の良い物、脂質が控えめな物、薄味の物にします。寝る3時間前までに夕食を済ませるとよいといわれています。

おなかがいっぱいだと消化活動のために就寝後も胃が働き続けるため、興奮状態となってなかなか寝つけません。タンパク質や脂肪を多く含んだ揚げ物や肉などを消化するには4時間ぐらいかかります。

寝る直前に高タンパク質・高脂肪の食事をしてしまうと、寝ている間は、消化機能も低下するので、朝起きた時に胃がもたれる状態になります。これでは、朝食をおいしく食べられません。夕食の乱れが、朝食の乱れへとつながります。同じ量の食事をとっていても、夜遅く食べる食生活は肥満につながりやすいこともわかっています。夕食は軽く済ませて、朝早く起きて、朝食をしっかり食べる習慣をつけましょう。

13 子どもの偏食をなくす

●**野菜嫌いの偏食は深刻**

偏食とは、ある特定の食べ物に対する好き嫌いがはっきりしていて、その食べ物ばかり食べる、あるいはその食べ物は食べないという偏った食事で、その程度がひどい場合をいいます。

魚は一切食べない、肉ばかりを食べている。野菜・果物はまったく食べないという偏食もあります。魚を食べなくても肉や卵、大豆製品などを食べればタンパク質の摂取という点では栄養的には問題はありませんが、だからといってひどい偏食でもかまわないというわけではありません。とくに野菜嫌いは深刻で、ミネラルやビタミン、食物繊維などの栄養素は、野菜なしでは不足してしまいます。

●**偏食を固着する原因**

子どもは、2～3歳になると、自分でできること・できないこと、して良いこと・悪いことの判断を自

分でするようになります。これが自律性の育ちですが、食べ物についても嫌いなものを拒否する態度を示す時もあります。子どもの言いなりに食べたがるものばかりを食べさせていると、偏食が固着する原因の1つになります。

子どもが空腹を訴えたら、「もうすぐご飯だから我慢しようね。急いで支度をするから手伝って」と、空腹感を体験させましょう。3度の食事をおいしく食べるために空腹が必要です。カロリーの過剰摂取や食事前の合間食い、おやつの食べすぎは、偏食の大きな原因となります。

● 発達障害と偏食

「自閉症」や「広汎性発達障害」といわれている子どもの中には、偏食の問題を抱えている子どもが少なくありません。ある特定の臭いや感触を嫌がり、あるいは視覚的にこだわって、食べられないという場合があります。

私の経験では、イチゴ、納豆、海藻、中には、湯気の立っている白いご飯でないと食べられないという子どももいました。また、マヨネーズやケチャップなどのソースを何にもかけずにそのまま食べてしまうケースもよく耳にします。

発達障害と診断されていなくても、臭い・味・触感・食感・味覚が、極端に敏感あるいは鈍感な子どもたちが増えてきていて、そのことが原因で偏った食行動をする子どもたちが増えているのではないかと懸念しています。

若者の間では、魚、肉、野菜、根菜類、コメを食べず、お菓子とジュースで一時的に空腹感を満たす、極端な食行動が増えているという話も聞きます。大人の偏食も要注意です。

もし、子どもが偏食傾向にあるなら、まずは、しっかり寝ているか、お腹がすくような活動をしているかチェックしてみましょう。そのうえで、子どもが敬遠する食材の調理を工夫してみましょう。「食べ物の好みはあってもいいけれども、何でも2口は食べる。偏食はさせない」という、基本的な姿勢を守っていきます。

図14 そしゃくの効果

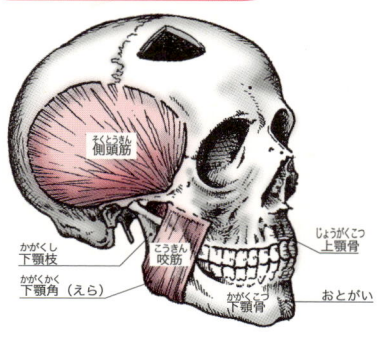

噛む
そしゃく筋＝すりつぶす
混ぜる

脳の働きを活性化	・脳全体の血液の循環を良くする ・脳の老化防止
歯やあごを強くする	・歯を支える骨の細胞の新陳代謝 ・虫歯や歯周病の予防効果
消化・吸収をよくする	・消化酵素による分解効率がよりアップ ・腸内環境を良くする
肥満防止	・過食防止 ・ガンや生活習慣病の予防

『ピテカントロプス化石の形態から進化を探る』馬場悠男より

そしゃく力を育てる

●そしゃく力や摂食機能の低下

幼児期になっても離乳食の延長線上にあるような食事をしていると、柔らかくて甘いものを好む傾向があります。また、丸のみ・早食いが習慣化していたり、反対に食べ物を飲み込まず口の中にためていたりする、そしゃくが上手くできないなど、摂食機能が低下している子どもの存在がかなり以前から指摘されてきました。

そしゃく力の未発達は、あごの骨の発達を遅らせ、異常な歯並び（異常歯列）、噛み合わせの不正（不正咬合）を引き起こします。そしゃく力は、ヒトの進化の過程において脳が大きく発達する要因の1つになったと考えられるとても重要な働きです。また、そしゃく運動によってあごが上下に動くと、このポンプ状の運動によって、脳への血流が増加して脳が活性化しています。

●そしゃくとだ液・過食のブレーキ

食べ物をよくそしゃくすることでだ液が出てきます。だ液の中には、アミラーゼというでんぷんを分解する強力な酵素が含まれ、ご飯に含まれるでんぷんが分解され、早いスピードで多量の糖分になって、口の中で消化活動が始まります。胃に送られた糖分を多く含むご飯は胃液によってさらに分解・消化され、すみやかに血液中に吸収されます。

血液中の糖分の濃度が一定になると満腹感を感じるようになっていますが、食べ始めてから15〜20分後には血糖値がピークに達するといわれています。早食いをすると満腹感を感じないうちについ食べ過ぎてしまうのです。

反対に、時間をかけてよく噛んで食事をすると、血糖値が上がっていき、食べ過ぎないようにブレーキがかかります。食事の量やカロリーにかかわらず、よく噛むほど、満腹感が得られるものこうしたしくみがあるからと考えられています。同じ量の食事でも、早食いをすると肥満を招きやすくなるのです。早食いの習慣が付くと、大人になってからではなかなか改めにくいものです。

また、よく噛んで食べることで、交感神経が活発になってDIT（食事誘導性体熱産＝食事を消化吸収する過程で出る熱）が高くなり、活動の準備が整っていきます。

●そしゃく筋と歯の構成

そしゃく筋は、物を食べるためのそしゃく運動を行なう筋肉の総称です。前歯で噛み切る時は、こめかみのあたりにある「側頭筋」とほほのやや後ろにある「咬筋」（こうきん）という筋肉を使い、奥歯

図15 一緒に食べて共感する

・1日3回の食事とおやつ
・水分代謝も大切
　……からだの70%が水

おなかがすくリズムのもてる子ども

食べたい物・好きな物が増える子ども
・食べ物を話題にする子ども

一緒に食べたい人がいる子ども

食事作り・準備にかかわる子ども
・和食・お箸の文化
・自然の恵みの恩恵に感謝する食習慣

・一緒に食べる楽しさ
・家族で楽しく食卓を囲みながら

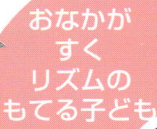

ですりつぶす運動をする時は、下顎骨の内側に見られる「内側翼突筋」「外側翼突筋」を使います。

ヒトの歯は、野菜を噛み切る前歯が約3割、野菜や穀類、豆類などをよく噛み砕く臼歯が約6割、肉などを噛みちぎる犬歯は約1割という構成になっています。雑食性の動物として進化してきたヒトの食べ物の構成は、この歯の構成と一致することが望ましいと考えられています。

離乳食が終わったら、少しずつ歯ごたえのあるものも経験させながらそしゃく力を育てていくことが大切です。子どもたちが将来にわたって健康でいられるためにも、きちんとした食習慣を指導していきたいものです。

15 家族が一緒に食べて共感しあう食卓

● **家族の生活時間がバラバラ**

家族という単位は、食を分かちあい一緒に食事をすることから発生し、食事を共にすることで一体感を強めてきたと考えられています。

いま、核家族化が進む一方で、職場、学校、塾などでの個人的な時間が占める割合が多くなり、家族が共有する時間が減少しています。家を出る時間や帰宅時間にズレが生ずるなどで、睡眠や食事の時間帯がバラバラになり、家族間で生活リズムを共有できなくなっている家庭もあります。また、家庭から調理の機能がなくなり、外食やケータリング、できあいの食などに依存する「食の外注化」が増加しています。

このような現代の家庭で起きている現象は、脳とからだの発達が未熟な子どもたちに真っ先に影響を与えます。

● **孤食の悪影響**

子どもが一人で食事をする「孤食」では、こころが育たなくなります。一人の食事は精神的に不安定で、食欲が出ず、偏食による栄養素摂取のアンバランス、肥満ややせ過ぎの弊害も出てきます。最近は欠食、とくに朝食の欠食率が増加しています。朝食を食べない子どもは、体格・運動能力・体力ともに劣る傾向、学業成績が悪いなどという報告も出ています。社会性や協調性の欠如、食事のマナーを身につける機会の喪失などの問題もあります。

● **食文化を伝える**

成長期の子どもにとって、食事の栄養バランスはもちろん、誰とどのような物を、どのように食べるかがとても大切なことなのです。家庭の中から食の

図16 便利・安いに惑わされないで

- 無添加食品　加工食品・調理済み惣菜に要注意
- 国内産　国や風土に合ったものを
- 天然だし　化学調味料を避ける
- 手作り　家庭料理が一番安心
- 旬の食材　新鮮な物を新鮮なうちに調理

共有がなくなると、子どもに食文化が伝達されません。箸の使い方や食べ物を粗末にしないこころ、食事の楽しさや大切さなど、家族の食卓で学ぶことはたくさんあります。

子ども時代に食卓を囲む習慣のない環境で育った大人は、つぎの世代に伝える食文化がなく、食事は、空腹を満たすだけの行為になってしまいます。箸使いはしつけの象徴です。箸使いの上手下手は魚の食べ方に表われます。箸で上手に魚をさばき、きれいに食べられる子どもを育てることを目標にしたいと思います。

幼児期は、食習慣の基礎が作られる時期です。仕事のない休日、家族そろって、家庭料理で食卓を囲むことを心がけましょう。

16 食は子どもの命を守り育てる

●食がブラックボックス化している

一般家庭に加工食品や調理済みの食品、できあいの惣菜が普及しています。しかし、私たちは、その食材がいつ・どこで・どんなふうに生産されたのか、どんな方法で加工・調理されて、どういう流通経路を経て店頭に並べられているのかなどを、よく知らないままに食べています。

外国で原材料を栽培して、現地で加工されて、冷蔵・冷凍食品として日本に運んでくる物もあります。日本国内で作られた物だからといって安心できません。産地偽装や賞味期限改ざん、さらには、からだに害のある薬物の混入など、さまざまな事件が起こっています。

食品の生産・流通の過程が多様化し、食の安全を確保することが格段に複雑になり困難になってきました。生産・流通・消費のどれか1つに手抜きや不祥事があっても、健康を損なう深刻な事態が引き起こされかねません。安全でない食べ物が流通する社会は、人間の生存と未来を根底から危うくします。

●食品添加物の多用

日本で使用されている食品添加物は、指定添加物352品目、既存添加物451品目、天然香料約600品で1400品目にもなります。食品添加物の国内での生産量から判断すると、平均的日本人は一日約11gを摂取し、1年間で約4kgという推定があります。

食品添加物には、発ガン性、アレルギー性、染色体異常、成長抑制作用が疑われているものがあります。中には遺伝子を傷つけ突然変異が起こる催奇性（奇形発生の作用）が指摘されているものもありま

す。催奇性はそれを摂取した本人だけでなく、つぎの世代まで悪影響を与えます。

●動物性食品の摂取が2倍に

食生活が洋風化して肉類や炒めもの、フライなどで油脂量の摂取が増え、副菜のサラダにもマヨネーズやドレッシングをかけると、高カロリー・高たんぱくの献立になり、急激に米の消費量が減ってきました。

この30年の間に日本人の肉・乳製品などの動物性食品の摂取量はほぼ2倍になっています。肉類にくらべて消化吸収に時間がかかる穀類や根菜類を中心にした食生活をしてきた日本人は、それに対応して腸が発達し、欧米人にくらべて1.5倍長いとされています。この腸の長さが、食生活の激変に追いつくことができず、アレルギー性疾患や腸の病気などの原因になっているという指摘もあります。

●旬のものを食卓に

山菜の苦味が春の暖かさでのぼせるからだを調節し、夏野菜はからだを冷やす作用があります。秋には脂ののった魚、脂肪の多い栗などを食べることで冬の寒さに耐える脂肪を貯え、冬の根菜類はからだを温める作用があります。四季ごとに収穫される旬の物、さらには自分が暮らしている地域・風土の食べ物が一番からだにふさわしいのです。

家庭や保育所・学校における食生活の質と安全の確保は最重要の課題です。手抜きをすれば、確実に子どもたちの心身に悪影響が及びます。私たち大人の、毎日毎日の食に対する高い意識が、未来を担う子どもたちを守り育てます。

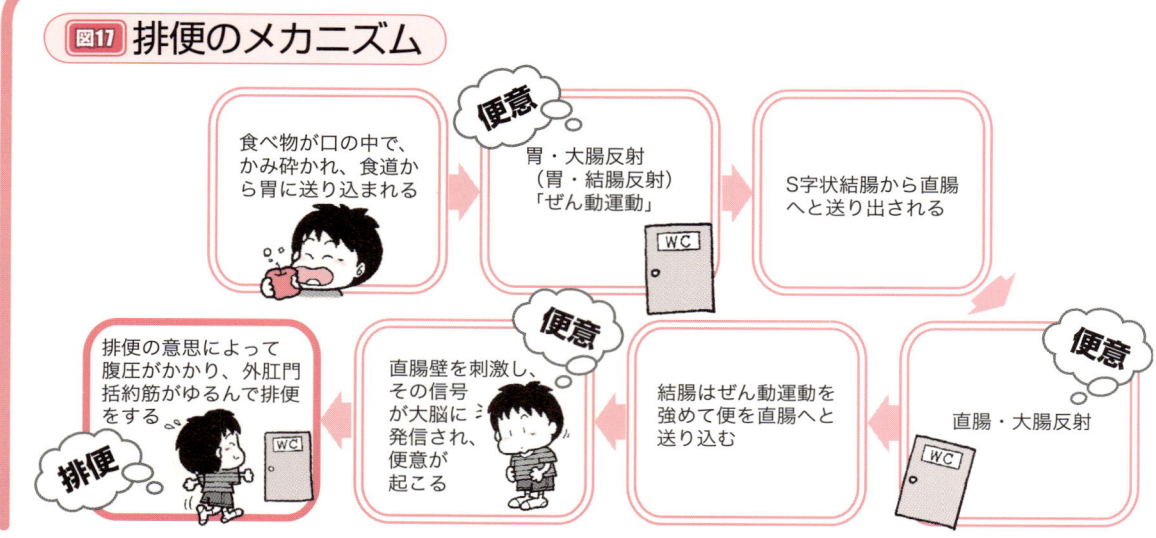

図17 排便のメカニズム

17 生体の生活リズムと朝の排便習慣

●排便のリズム

　早起きをして、朝食をきちんと食べている子は、排便のリズムも整っています。便秘になりやすい子どもは、夜型の生活を送っていたり、食事時間が不規則だったり、小食、偏食だったりと、睡眠と食事に問題が目立ちます。

　腸は自律神経に強く影響される臓器で、夜ふかしによる睡眠不足は、腸の働きを不調にします。また、食べた物が便になるまでの時間は大体決まっていますから、食事時間がバラバラだと、便意を催す時間もまちまちになり、排便も不規則になります。排便はリズム性をもっていますから、いったん朝の排便が身につくと、その時間帯になると自然とトイレに行きたくなります。生体の生活リズムを整えるうえで、朝の排便習慣をつけることが理にかなっています。

●「胃・結腸反射」

　朝起きたら軽い運動をした後、冷たい水をコップ1杯飲むと効果的です。まず、夜睡眠中にからだに不要になった物は、腸の「ぜん動運動」によって、ゆっくりと直腸に向かって押し出されていきます。その状態で胃に水分が入ってくることで胃が動き出し、胃が膨らむことで大腸に信号が送られ、大腸の「ぜん動運動」が高まります。すると便が直腸に送られて「直腸反射」が起きて、便意が生じます。

　とくに朝食後、この「胃・結腸反射」と「直腸反射」は起こりやすくなります。空っぽの胃の中に食べ物が入ってくると、強い刺激となってこれらの反射が起きて脳に伝わり、便意となるのです。この反応を正常に起こすためにも、夜遅くの食事や朝食抜きは望ましくないのです。

●水分と大便

　口から入る水分は、1日平均1.5リットル程度ですが、これにだ液や胃液、腸液などが加わって、消化管内を通る水分は成人で10リットルにもなるといわれています。大腸に送られる消化物はおかゆ状ですが、大腸で栄養素が吸収されていくと、S字状結腸の入口辺りで、固形の大便になっていきます。直腸で水分が70％程度になり、肛門から排便されます。ちなみに、直腸での水分量が80％以上だといわゆる下痢便になり、便と一緒に水分が排泄されます。便秘の時だけでなく、下痢の時も水分補給が大切なのはこうした理由からです。

●食物繊維と便秘

　野菜や海草などに多く含まれる食物繊維をたくさん摂取することも大切です。食物繊維は胃や腸で消

図18 外遊び・運動の不足

外遊びの減少
・子どもの遊び場として自然が少ない
・地球環境の破壊
・交通事故や犯罪の多発

テレビやゲーム機の使用の氾濫
・テレビ、ビデオ
・テレビゲーム
・携帯ゲーム機
・携帯電話など

塾通い
・知育偏重の学習塾
・いろいろな習い事

子どもの遊び文化の衰退
・少子化
・核家族化
・ガキ大将（遊びのリーダー）がいない

⇔ **からだを育てる遊びや運動の不足** ⇔

化・吸収されませんが、余分な脂肪や糖質、有害物質も吸着して、排便してしまう働きを持っています。また、腸内の善玉菌を増やす効果があるとされ、腸内の環境を整える働きをします。

食物繊維を多量に含む食材はよく噛まないと飲み込めないため、だ液の分泌を促します。唾液が十分混じった消化物は、腸内での消化吸収を容易にし、消化不良による悪玉細菌の発生を抑え、腸内細菌の正常なバランス（善玉菌：悪玉菌＝7：3）を保ちます。腸内細菌のバランスの崩れは便秘の原因の1つです。

● **不健康な便秘**

便秘になると、お腹の張りや腹痛、食欲不振や吐き気、肌荒れ、頭痛・めまい・肩こり、オナラ・口臭などさまざまな不健康な症状が出てきます。子どもの場合、食欲がない、思う存分からだを動かして遊べない、元気がないなど、直接の影響が現われ、長期・慢性になると成長にも悪影響が現われてきます。排便のリズムが崩れないように、睡眠・食事・運動が毎日適切にくり返されるように保障することが大切です。

 子どもが外遊びをしなくなっている

● **環境汚染と子どもたちの健康**

世界でも、喘息、アレルギー、化学物質過敏症、電磁波過敏症など、10年、20年前にはあまり見られなかった病気が子どもたちの間でも急増していることが報告されています。大気汚染、水質汚染、土壌汚染、核廃棄物汚染は、近年クローズアップされてきたオゾン層の破壊による地球温暖化とともに、地球という自然環境自体を破壊しかねない危機を招いています。

いま、世界規模で地球の環境を保護する運動が進められていますが、それと同時に、人類の50年後、100年後を担っていく、目の前にいる子どもたちを守り育てるという責任を、私たちは果たさなければなりません。「自分たちが育った子ども時代と、いまは時代が違うのだから……」と、達観してはいられない問題性をはらんでいるのです。

● **子どもたちのからだがおかしい**

1970年代、保育や教育の現場から、「子どもたちのからだがおかしい、弱い」という報告がされ始めました。いま、それを実感している人たちが増え続けています。実際、「疲れた」「だるい」と口に出す子どもが多くなってきています。どこがどういう風

に疲れているのかわかりませんが、立っていてもからだがぐにゃぐにゃした感じの子どもや、じっとしていることができない子どもが増えています。朝から元気がなく、ボーっとした感じの子どももよく見かけます。「気持ちが悪い」「首や肩が凝っている」「頭痛・腹痛」などを訴える子どももいます。気持ちのもちようなのか、病気の初期症状による体調不良のためなのか、周りの大人もわからないことがあります。

● **こころにも変調が生じている**

いまでは、子どもたちのからだのおかしさや弱さだけでなく、「登校しぶり」「不登校」「保健室登校」「授業崩壊」「いじめ」「ひきこもり」「自殺」「少年犯罪」など深刻な社会問題が指摘されています。こころもからだも病気と健康のはざまにいる、「病気とは診断されないけれども健康でもない子どもたち」がどんどん増えてきているといわざるを得ません。

● **実体験・遊びが重要**

私は、子どもらしい生き生きとした活力が感じられなくなった原因を、睡眠・食生活・遊びや運動に問題が生じているからだと考えています。子どもたちは、生活体験や遊び、運動の中で、運動感覚、視覚、聴覚、触覚、嗅覚、味覚などを発達させ、運動能力や体力、知る働きや感性を豊かにすることができます。そして、具体的経験から受け入れた感覚を統合しながら、それを快と感じるか不快と感じるか、安全と感じるか不安と感じるか、自分にとって利益と感じるか不利益と感じるか、必要と感じるか不必要と感じるかなど、感じる力と判断する力が育ってきます。

そういった感覚と判断力が育つには、自然の中で虫や魚をつかまえたり、友だちと夢中になって遊ぶことが必要なのです。私たち大人は、子どもたちが自然の中でからだのすみずみまで動かす機会を、たくさん保障しているでしょうか。外で遊ぶ代わりにテレビを見たりやゲームをしたりしている子どもたちを、「食事の支度をする間おとなしくしてほしいから」とか「日曜ぐらいはゆっくり寝たいから」と、大人の都合で容認してはいないでしょうか。

また一方で、長時間労働によって親が子どもに関わる時間が社会的に制限されてはいないでしょうか。いま一度、子どもの育ちを保障するという視点から、子どもが育つための社会的な環境を見直していく必要があります。

図19 子どもの体力低下

姿勢のくずれ
・直立と直立状二足歩行の弱さ
・背筋が伸びていない
・落ち着きがない、など

防衛体力の低下
・体温や血圧の調節が悪い
・不定愁訴が多い……
　疲れた・だるい・眠い

筋力と持久力の低下
・一定の姿勢を保てない
・腕立て伏せ・腹筋運動・
　懸垂運動ができない、など

柔軟性の低下
・マット運動が苦手
・ラジオ体操が下手
・正座ができない、など

19 子どもの体力
身体的能力と精神的能力が低下している

●**身体的能力と精神的能力**

　子どもの「学力低下」とともに「体力低下」が問題になっています。「体力」とは、ヒトが日常生活、あるいは非常事態に際して、十分に対応できる運動（行動）能力や抵抗力ということができます。「体力」は、「身体的能力」と「精神的能力」との2つに分けられます。

●**行動体力と防衛体力**

　また、「身体的能力」は、「行動体力」と「防衛体力」の2つに分けて考えることができます。

　「行動体力」……行動を起こす力で、筋力・行動を持続する持久力・行動を調節する調整力を指します。

　「防衛体力」……寒冷、暑熱、低酸素、高酸素、低圧、高圧、振動、化学物質などの物理化学的ストレスに対する抵抗力。細菌、ウイルス、その他の微生物、異種たんぱくなど生物的ストレスに対する抵抗力。運動、空腹、口渇、不眠、疲労、時差など生理的ストレスに対する抵抗力。不快、苦痛、恐怖、不満など精神的ストレスに対する抵抗力・耐性を指します。

　現代の子どもたちはこれらの「体力」が全体的に衰えています（図20参照）。

●**低体温の2つのタイプ**

　子どもたちの「防衛体力の低下」は、たとえば、体温の調節が機能しにくくなっていることに、はっきりと現われています。子どもの「低体温」がよく話題になりますが、低体温の子どもは2つのタイプがあります。

　1つ目は、朝起きた時から体温は35℃台と低く、そのまま日中になっても体温が上がらず、一日を通して低体温の状態でいるタイプです。全体的に見て活動的ではありません。

　2つ目は、朝起きた時からの体温は35℃台と低いのですが、日中は気温に合わせて体温が変動してしまい、一定の体温を調節できないタイプです。夏は午後になると37～38℃台になってぐったりしてしまい、反対に冬場になると日中も低体温のままで運動量が少なくなってしまうという、まるで変温動物のような子たちがいるのです。このような子どもは、朝はエンジンがかからずボーっとした感じで、だるさや眠気を訴えます。午前中の活動は積極的にはなれません。そして、日中の暑いところで無理に運動などをさせると、熱を体外に放出できず、熱中症を起こす危険をはらんでいます。血圧のコントロールの弱さも同じように現われていて、朝礼で突

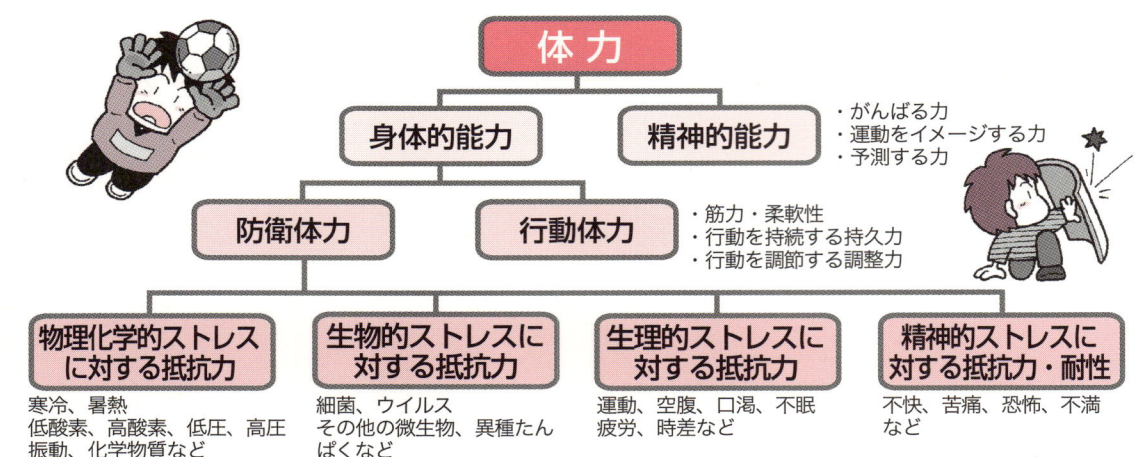

図20 さまざまな体力

然めまいがして倒れたり、気分が悪くなったりする子も多いようです。

● 自律神経を発達させる

体温も血圧も、その調節を司るのは「自律神経」（「生体の生活リズム」の乱れ。9ページ参照）ですが、自律神経が十分に発達していない子どもが増えています。からだの調整がうまくいかなければ、だるさや疲れなどの不調も当然多くなり、活力も湧いてきません。自律神経を発達させるためには、小さな赤ちゃんのうちから適度な寒さと暑さを体験させて、体温調節の機能を獲得させることです。

 外遊びが体力を強化する

● 行動体力の低下

からだの抵抗力や耐性を指す「防衛体力」の低下に加えて、子どもたちには「行動体力の低下」も見られます。立位体前屈（立ったままで腰を曲げる）で、手の指先が足まで届かなかったり、背筋力が十分でなかったり、腕立て伏せや懸垂ができない、25m走をまっすぐ走れない、立ち幅跳びで顔から倒れるなど、運動能力が十分発達していない子どもが大勢います。ちょっとしたことで顔から落ちて大けがをしたり、手首を骨折したりする子どもが本当に多いのです。

● 外遊びの不足が原因

20年前と比べると、子どもたちの外遊びの時間が半減しているという統計があります。スポーツクラブやダンス教室や水泳教室などに通っている子どもたちも多いのですが、それだけでは不十分です。その場に応じて足の指先から手の指先まで動かせる器用な身のこなし、自分のイメージ通りに動かせるからだ、合理的かつ安全にからだを動かす能力を育てるには、幼児期・学童期に太陽の下で友だちと自由に、思い切り動き回ることが不可欠です。

● 社会が子育て環境を保障する

子どもたちが思い切り駆け回れるだけの緑に囲まれた園庭、土遊びのできる砂場や築山、木登りもできる樹木に恵まれた保育所ばかりではありません。とくに都市部ではそうはいきません。保育所も駅の近くが好まれます。屋外園庭の認可条件も規制緩和されて、室内プールが園庭の代わりとして認められるような状況もあります。

保育所の数が不足している都市では、そういった保育所も緊急措置としてやむを得ないのでしょうが、子どもたちの育ちを日常的に保障するといった点ではどうでしょうか。行政関係者も、親の利便性

図21 外遊び4つの刺激

太陽の光
・交感神経の働きを活発にする
・寒冷、暑熱など気候の変化は自律神経の働きを強くする

自然界の刺激を楽しみながら遊ぶ
・雨・風・雪・水・土などの四季の変化に応じて遊ぶ
・植物・昆虫・小動物など自然の恵みを感じながら遊ぶ

地面を使ったいろいろな遊び
・足腰を十分・満足に動かして遊び、エネルギーを消費する
・変化する素材を使った遊び（草花・泥んこ・砂・石ころ）

異年齢集団の遊び
・ルールのある遊び（鬼遊び・陣取り・ビー玉遊びなど）
・子どもの秘密基地など（自治的な仲間集団の遊び）

やニーズに配慮の一方で、子どもたちの成長発達に不可欠な自然環境、自由に安心して遊べる場所を確保した街づくりを計画する必要があります。子どもたちが元気に外遊びを楽しめない状況は、自然環境・社会環境・教育環境、そのどちらから見ても好ましい豊かな社会とはいえません。

21 外遊びには4つの効果がある

●**外遊びの4つの効果**

外遊びは、自然界のいろいろな刺激を受けることによって、子どもの心とからだを豊かに育てます。

第1に、交感神経の働きが活発になる……太陽の光を浴びながら運動することによって、交感神経の働きが活発になります。汗をかくほどに運動すると視床下部の体温調節のための発汗作用が活発になり、自然とのどが渇き、水を飲みます。水で潤されたからだで、また元気に遊びます。このくり返しによって、からだの水分代謝がいっそう良くなって、自律神経の働きが強化され、脳の働きも活発になります。

第2に、思考力の基礎が育つ……自然を観察し科学的にとらえる思考力が養われます。日本は、四季折々に自然が変化し、その季節に応じた遊びを楽しむことができます。春は山菜採り、草花遊び。夏はバッタ釣りや泥んこ遊び、川遊び。秋は木に登って木の実採り。冬は雪で遊んだり、たこ揚げを楽しんだりと、自然の恵みを受けながらいろいろな遊びを経験することができます。河原や山道の散策は、足腰を鍛え、木登りや泥んこ遊びは腕や手の働き、手の器用さを育てます。木の実の採取や虫や魚を捕まえて遊ぶには、道具を工夫することも必要で、道具を使いこなすためには、手の器用さだけでなく先を見通す力や計画性も必要になってきます。

第3に、エネルギーとストレスの発散……思いっきりからだを動かすと、ほどよい疲労感とともに満足感や充実感が湧いてきます。エネルギー代謝が活発な子どもの時期は、からだを動かすことによってエネルギーを消費していくことが必要です。からだを動かすことで食欲が湧き、ストレスも発散できます。適度に疲れることで夜もぐっすり眠れるようになります。

第4に、コミュニケーション能力や自立性や自治力が育つ……集団の遊びは、コミュニケーション能力や仲間と共に育ち合う自立性や自治力を育てます。子どもたち自身が遊び方を工夫し、遊びを創造していく姿が見られます。子どもたちは、仲間と協力し

図22 テレビの刺激

- 強すぎる光と音の刺激
- 一方的な刺激で選択できない
- 体感・実感がない
- 人との交流がない

→ 脳の発達に悪影響

たり、時には言い合ったりしながら、さまざまな問題を解決する力を高めていきます。とりわけ異年齢集団の遊びは、自立性や自治力を育てていきます。

●外遊びの3つの条件

このように、仲間と連れだって外で元気に遊ぶことは子どもたちの成長・発達にとって欠かすことができないものですが、外遊びには、「時間」「空間」「仲間」の3つの条件が必要です。社会は、もっと子どもたちが外で元気に遊ぶ機会を保障する義務があります。

22 テレビが子守りをしている

●緊張状態を強いられる赤ちゃん

いまの赤ちゃんは、病院で生まれて、自宅に着いた時からテレビのある環境で暮らしています。家の中ではCDなどのさまざま機械音、電気の照明、暖房や冷房、外出すると大きな騒音や自動車や電車の揺れなど、さまざまな刺激の洪水の中にさらされながら育っています。半数以上の赤ちゃんが、1歳以前からテレビやビデオの画面を見ているという実態調査があります。お座りができない赤ちゃんの時期から寝たまま、ラックに座らされたたままでテレビの前に置かれている姿もめずらしくありません。

こうして育った赤ちゃんは、一方的に与え続けられる光や音の強い刺激によって、常に脳とからだに緊張状態を強いられます。たとえば、目を大きく見開いて、肩や背中に力が入ったままじっとしていたり、からだを突っ張らせたり反り返らせたりするような様子が見られます。まだ首が座らないうちからそり返るようにして片方にだけ寝返ったり、縦に抱かれることを好んだりします。眠いはずの時間になっても寝ない、眠ってもちょっとした物音や光ですぐに目覚めてしまう過敏さがある、不機嫌な時が多いなど、育てにくい赤ちゃんが年々増えているように思います。

●泣かない赤ちゃん

一方、「サイレントベビー」といわれる赤ちゃんもいます。本来、生理的な快と不快を、泣いたり声を出したりすることによって、赤ちゃんは表現しますが、おとなしくて泣くことも笑うことも少ない赤ちゃんのことをそう呼びます。赤ちゃんが泣いても放っておいたり、あやしたり語りかけもしないでいたりすると、やがて赤ちゃんは泣くことも笑うこともしなくなるといわれています。この状態が続くと、その後の情緒の発達や人とのコミュニケーションに弱さが生じてきます。

サイレントベビーとなる原因は、快・不快の情緒を発現させる中脳や視床下部の働きが弱い状態で生まれてきたことも考えられますが、育児する大人とのコミュニケーション不足も原因の1つと考えられています。赤ちゃんは、泣いて不快を訴え、不快を取り除いてもらうと機嫌が良くなり、機嫌のいい時にあやされることによって笑いが生まれてきます。

● テレビ漬けでは活気ある人間関係が育たない

　「サイレントベビー」が現われてくる背景の1つに、赤ちゃんの頃からテレビの見せっ放し、赤ちゃんをそばにおいてパソコンに長時間向かう親の存在があるのかもしれません。テレビやビデオの視聴の問題は赤ちゃんだけではありません。子どもたちの半数は、起床してから朝食までの時間、テレビを見ているか何もしていないという報告があります。朝からからだを動かさず、ぼんやりテレビを見ていたりするようでは、たとえ朝早起きをしたとしても、脳とからだの働きは低下してしまいます。

　最近では、テレビゲームや携帯用ゲーム類の長時間使用がどんどん低年齢層にも浸透しています。2、3歳の子どもでも携帯用ゲームを手にし、夢中になっている姿が多く見られます。朝からテレビ、昼間は少しだけ外に出て遊んで、大人が話をしている時はゲーム機に向かい、大人が起きている時間に合わせて夜更かしになってしまう。これでは運動量も足りませんし、一緒に遊ぶ中で共感する「うれしい・たのしい・おもしろい・くやしい・かなしい」などの情緒も育ちません。当然、人とのコミュニケーションの仕方も、遊び方も、友達の作り方も、人間関係のトラブルの解決の仕方も身につきません。

図23 前頭葉の部位

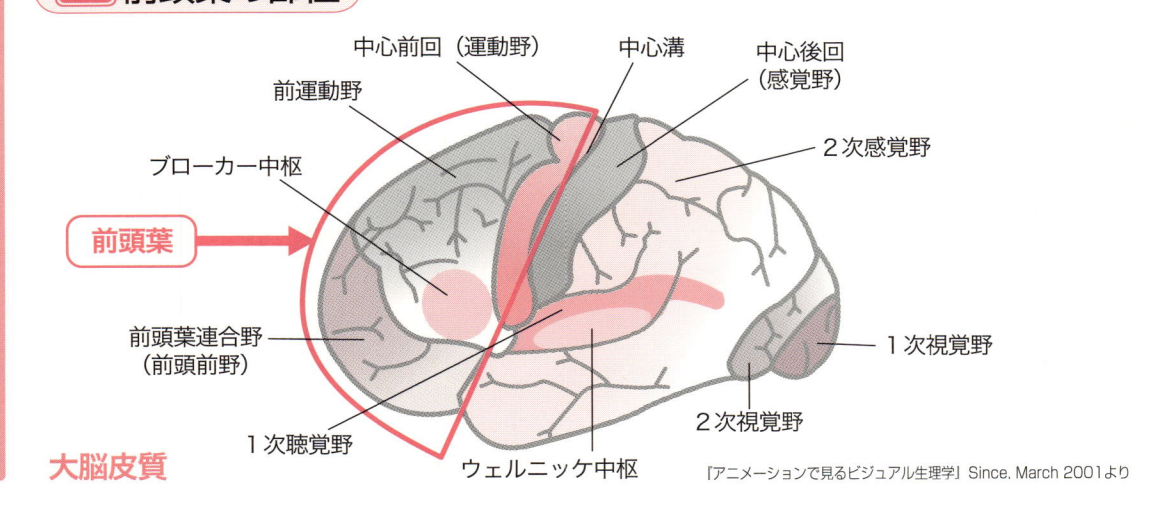

- 中心前回（運動野）
- 中心溝
- 中心後回（感覚野）
- 前運動野
- 2次感覚野
- ブローカー中枢
- 前頭葉
- 前頭葉連合野（前頭前野）
- 1次視覚野
- 2次視覚野
- 1次聴覚野
- ウェルニッケ中枢
- 大脳皮質

『アニメーションで見るビジュアル生理学』Since, March 2001より

23 大脳前頭葉が育っていない

●前頭葉前頭前野が育っていない

青少年の犯罪が目立ち始めた10年ほど前から、研究者の間では「前頭葉の未発達」とりわけ「前頭葉前頭前野」（図23）が、順調に成長していないことが指摘されています。あらためて、図04（11ページ参照）を見てください。ヒトの脳は、その働きによって、「命を健康に守り育てる脳」「知る働きを統合する脳」「よりよく生きて行動するための脳」の3つに大きく分けることができます。前頭葉は、「よりよく生きて行動するための脳」で、運動の計画を立てる「前運動野」と運動を指示する「運動野」、ことばを話す中枢（ブローカー）があり、さらにその先には、社会性・言語性・行動性・感情性・創造性などの人間らしさを統合する精神力の座といわれる「前頭葉前頭前野」があります。

この「前頭葉前頭前野」の働きが、小学生高学年・中学生の段階でも順調に育っていないために、キレやすく暴力的、筋道立てて物事を考えられない、自分を客観視できない、他人の立場に立って考えられない、自分の感情や欲求、行動を適切にコントロールできない、自己肯定感をもって社会生活ができない子どもたちが増えているといわれています。

このような前頭葉の未発達を想像させるケースは、青少年にかぎりません。成人の場合でも、それぞれに複雑な背景を抱えているにせよ、乳幼児虐待、育児放棄、各種の残虐行為など、「前頭葉」及び「前頭前野」の働きの低下がもたらすと推定される異常な行動が多発しています。

●言語能力の弱体化

ことばを使って、自分の気持ちや考えを適切に表現することは社会生活を営む上でとても重要な能力の1つです。ことばによる表現が未熟であったり、不適切なことばを用いることで自分の気持ちや考えが相手に伝わらないと、私たちは対人関係に強いストレスを感じたり、孤立感をもちます。ことばによって論理立てた思考ができないと、感情が先行したり、理性的な行動ができなかったり、行動の抑制ができなくなります。ことばによる表現力が幼い子どもほど、自分の言い分が通らないと、パニック的に泣きわめいたり、暴力的な行動に出たり、突然キレたりする傾向があります。

図24 テレビの悪影響

- **子どもが欲しがるキャラクター商品**
  ・商業ベース……売るために作っている！次から次へと欲しくなる。

- **子どもの想像力や思考力とはかけ離れた非現実の世界**
  ・本当はアンパンマンだってプリキュアだって戦いもの。派手なアクション。華美な姿形。

- **創造的なごっこ遊びの衰退**
  ・造語による流行ことば。多すぎる機器音。豊かなことばのやりとりが少ない。

五感で感じる力 / 対話する力 / 想像する力 → 画一的・パターン化

24 乳幼児がテレビを一人で見ている

●日本小児学会の提言

　私は、テレビやゲーム機、コンピューター自体を否定しているわけはありません。しかし、社会が新規の道具を正しく取り入れていくには、その道具の使用目的や計画があって初めて、その道具の存在が認知されるのだろうと思っています。

　テレビやビデオ、ゲーム機も例外ではありません。日本小児学会では、「2歳以下の子どもには、テレビ・ビデオを長時間見せないようにしましょう」「乳幼児にテレビ・ビデオを一人で見せないようにしましょう」と提言していますが、それは、ことばの遅れ、表情が乏しい、視線を合わせにくいなどの症状を抱えて受診する幼児の中に、テレビ・ビデオの長時間視聴のケースがあって、視聴を止めると症状が改善する場合があるという、小児科医などからの臨床的な報告が相次いでいるからです。

●人間関係とコミュニケーションの喪失

　テレビやビデオの光と音は、乳幼児にとってとても強い刺激です。強い刺激を与え続けられると、最初のうちはストレスを受けてからだや顔を硬く緊張させていた赤ちゃんも、やがて強い刺激に順応して、次第に画面に集中するようになっていきます。穏やかでゆっくりとした対面のコミュニケーションよりも、光学的な映像と音の方へ注意が向いてしまうのです。

　実際、私もそういった子どもたちの症例をたくさん見てきましたが、「子どもがおとなしくじっとテレビやビデオの画面に見入っていてくれるから……」と、その状態を放置しておくと、人間への興味・関心あるいは肉声に対する反応が薄れ、表情やことばで向かい合ってやりとりをする力が弱められていきます。

　親しい大人との向かい合いを通して、快の情緒が育ち、ことばを理解し発話へとつなげていくことで脳が育っていきます。この脳の形成期における、人間関係とコミュニケーションの喪失は重大な結果をもたらしているといっても過言ではないでしょう。

●テレビ・ゲーム機を大人が管理する

　私は、授乳中、食事中のテレビやビデオを止めることは当然、子どもが対話ができるようになるまでは、テレビは控える方が好ましいと考えています。小・中学生の間も、テレビやビデオ、ゲーム機などは、子どもがその使用目的と使用方法の適切さを自分で判断できるようになるまで、内容と時間を大人が管理する必要があると考えています。

　毎日、忙しさに追われていると、ややもすると、

図25 テレビゲームの３つの弊害

運動不足・仲間との外遊びの不足
・五感とからだを使った具体的経験の不足
・視覚・聴覚のみが優位になりやすい

人間関係が希薄・社会性の発達を阻害
・自然や地域社会から離れたバーチャルな（仮想）世界
・人との向かい合いが少なくなる

前頭葉連合野の働きの低下
・反射・反応ゲームは前頭葉を使わない
・前頭葉の未発達の危険性……短絡的思考

良くないと思っていても、テレビゲームで遊ぶことを許してしまいがちです。子どもだって本当は、テレビやゲーム機を相手に一人、室内で過ごすよりも、大人や友だちと外でからだを使って遊ぶことを望んでいるに違いありません。

25 テレビゲームの長時間使用の弊害

●**テレビゲームの魅力**

いまの子どもたちは、友だちと外で遊ぶことが少なくなりました。遊ぶとしてもクラスメートの２、３人と室内で遊び、テレビゲームや携帯ゲーム機が遊び相手になっています。

なぜ、テレビゲームが子どもたちに受け入れられているのでしょうか。

敵を倒すことによって、自分の攻撃性や正義感が充足され、解放感のようなものが得られることが理由の１つに挙げられると思います。正義の味方のヒーローやヒロインの気分になれるのです。

また、からだを動かす遊びが苦手な子ども、人との関係をうまく作って遊べない子どもでも、ゲームを通しての情報交換なら可能で、一緒に遊んでいる気持ちになるからでしょう。

圧倒的な映像とイエスかノーの反射・反応の連続で行なわれるゲームは、複雑な思考も人間関係も必要としません。

●**戦いごっこ**

テレビゲームの世界は、暴力シーン・戦闘シーンが圧倒的に多く、これを受け入れている子どもたちが、現実の生活の中で暴力的になってしまうことも多いのです。子どもたちの遊びのなかで「戦いごっこ」が多くなっているのも、こうした影響ではないかと考えています。

また、ゲームに過度の一体感をもつようになると、ゲームの世界と現実の世界との区別がつかなくなってトラブルを起こしたり、自分の思い通りに操作できるゲームの世界とは異なる、多様で複雑な人間の感情とその関係にわずらわしさを感じて、人との付き合いを避けるようになることも危惧されます。ゲームはうまくいかなくなったり、飽きればスイッチを切ってしまえば済むのですが、人との関係はそうはいきません。

「子どもだって息抜きをしたい…」そのような意見もあるかもしれません。しかし、子どもの時期は、家族の人間関係の中で「楽しい・ほっと」する、息抜きやストレス解消をしていくのが本来の姿なので

図26 人間関係の変化

核家族化
・地域社会とのつながりが希薄化
・手軽なコミュニケーション手段に頼る

少子化
・きょうだいが少ない＝人間関係が狭い
・行動の選択肢が限られる（逃げ場がない）

友だちとの遊びが制限されている
・塾や習い事通い
・遊ぶ場所と時間がない

ゆとりのない親子関係
・遊びが伝承されていない＝何をしたらいいかわからない

← 縛られない人間関係を好む傾向 →

はないでしょうか。

親から子へと昔から伝えられているすぐれた遊びを遊び文化として伝えたり、たくさんの仲間と外で思いっきりからだを動かして遊ぶことの楽しさも、子どもたちにもっと経験させたいものです。

26 コミュニケーション能力が低下している

●人間を学ぶ機会がない

便利で手軽な生活が、人間をいっそう自然から遠ざけています。不便さを他者との直接的な助け合いによって克服していくよりは、便利な物を使って補い、手間をかけず簡単に済ませてしまいます。そういった生活スタイルでは、子どもたちも近所との付き合いや地域社会とのつながりが希薄になります。

核家族化が進んだことや個人を大切にする風潮になってきたことから、他人に縛られない人間関係をいっそう好む傾向になり、人間としてのつき合い方や感情のコントロールの仕方、その上で自分をどう表現していくかなどを学ぶことができにくい社会になってしまっています。

●子どもが社会から孤立している

少子化と地域社会の崩壊で子ども集団が小さくなり、一人で遊ぶ子が増加しています。子ども会や自治会に入ろうとする家庭が少なくなり、近所同士の声かけも少なくなっています。他者に縛られない人間関係を好む傾向は、通信機器の普及とも関係しています。

いつでもどこでも話ができる携帯電話は、誰と話すかを掌の中で選ぶことができ、話に飽きたらスイッチ1つでおしまいにできます。メールのやりとりで済ませてしまうだけの関係では、相手と距離を置いた関係を保ちながらの付き合いになります。コンピュータを通しての不特定多数との情報交換は、より個人の匿名性が増します。

●コミュニケーション能力

コミュニケーション能力とは、狭義の意味では、ことばによる意思疎通能力のことをいいますが、私は、コミュニケーション能力を広義にとらえて、ことばによる対話力だけでなく、発話として表面化しない非言語的な要素（相手の表情、眼の動き、沈黙、場の空気など）も含めて、互いの考えや感情を理解し合い、信頼関係を築きあう能力と考えています。

人とのコミュニケーションは非言語的な部分にも十分に注意を払うことなしには成立しません。非言語的な部分からも相手の気持ちを推察し、相手に不

図27 良い親子関係

大人はあこがれの対象であり、あるべき姿の手本です

一緒にしたい！

父さん、母さん、あのね……

子どもの気持ちに寄り沿う

- 楽しい・おもしろい積み重ね
- 真似ながら、楽しさの共感
- 話したい・聞きたい楽しい交流
- 認識やイメージの共有
- コミュニケーション能力の発達

快感を与えないタイミングや表現で、自分の感情や意思を相手に伝える意思疎通能力を育てる必要があります。この能力は、複雑多岐にわたる人間関係の中で社会性と一体になって徐々に身につくものです。

27 重圧を感じる子どもたちが増えている

●子どもの問題・大人の問題

1980年代から教育現場では、不登校、保健室登校、学級崩壊、いじめ、自殺、その他さまざまな青少年の犯罪が取り上げられてきました。90年代には、子どもに対する暴力、子育て放棄などが、青少年のさまざまな問題行動と人格形成の歪みを生みだす要因の1つになっていることにも着目されるようになり「こども虐待ホットライン」などが設けられるようになりました。

近年では、サイレントベビー、ネグレクト（育児無視・放棄）の発生など、乳幼児期の親子関係に焦点が当てられるようにもなりました。

●わが子を愛せない

従来、子どもの虐待や親子関係の問題は、たとえば親自身が幼少時に親から虐待を受けた幼児体験をもっているとか、超低体重児出産であったり、障害児で治療も叶わず、親としてわが子に愛情が湧かないなどのように何らかの理由や解釈が可能でした。ところが、近頃では特別な理由が見当たらないが、わが子を「可愛いと思えない、愛せない」という、何とも不思議なタイプの訴えが出てきています。それが恵まれた家庭に生まれ育ち、愛し合って結婚し、望んで子どもをもうけ、他人からは幸せな家族そのものと思われるような、ごく普通の家庭で起こっているのです。

子どもの方も、ごく普通の幸せそうに見える家庭で育ち、特別な問題を抱えているようには見られない、「素直でいい子」が凶悪惨忍な事件を引き起こしているのです。事件の発生を知り、「信じられない」と、周囲の大人たちは困惑の色を隠せません。

●コミュニケーション能力・共感力を育てる

人は、問題に直面し、思うようにいかない時、一人で悩みます。考えても問題解決の糸口が見つからない場合には、親しい人に悩みを打ち明けて相談します。相談して、自分がどうすればいいのか方向性を見出していきます。場合によっては、仲間の力を借りることもあります。それが社会の中で生きていく力になります。社会の中で生きていくのにもっと

図28 子育て態度の5大罪悪＊

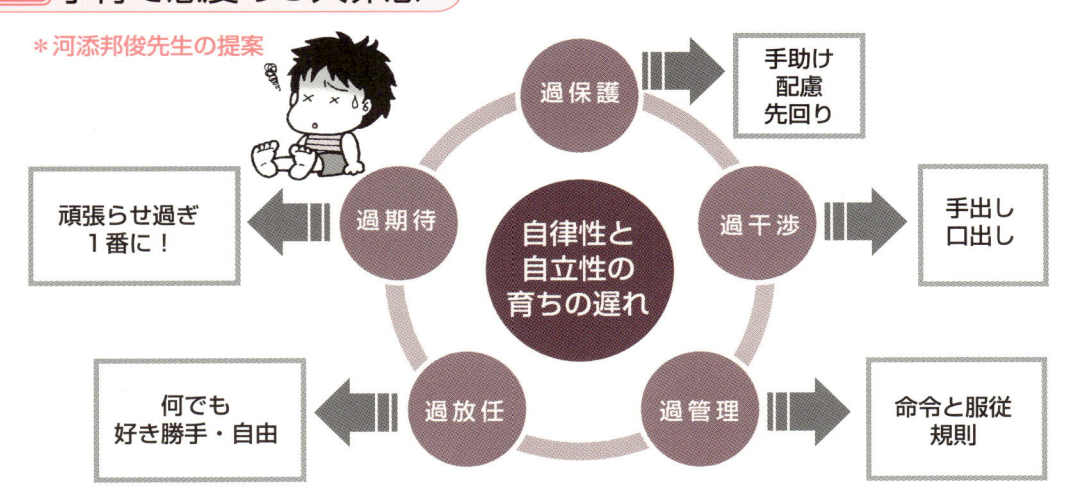

＊河添邦俊先生の提案

- 過保護 → 手助け・配慮・先回り
- 過干渉 → 手出し・口出し
- 過管理 → 命令と服従・規則
- 過放任 → 何でも好き勝手・自由
- 過期待 → 頑張らせ過ぎ 1番に！

中心：自律性と自立性の育ちの遅れ

も必要な能力は、人とのコミュニケーション能力や共感する力だと考えています。

乳幼児期から青年期に至るまでの間に、自分の気持ちを伝え、理解してもらおうという気持ちが育っているでしょうか。自分の気持ちをたしかに受け止められたという実感や充足の体験が積み重ねられているでしょうか。

子どもたちに一方的に教え諭したり、厳罰で管理するのではなく、成長過程のどこかで、子どもの本音や要求に気づき、それを受け止めてやる大人や友だちの存在が不可欠です。「『いつも明るく素直で思いやりのある子』でいなければならない。親も学校も社会もまたそれを要求する。そんなにいい子な時ばかりではいられない。本音を吐き出せる場はない」そんな子どもたちの悲鳴が聞こえてきそうです。

現代の社会は、子どもと親を際限のない競争へと駆立てています。そこから生じる不安と抑圧の感情、自分を理解してもらえない孤独感などが、ストレスとなって蓄積されます。目的を失い、さまざまな負の偶然が重なった時、重大な事件となってしまうのではないでしょうか。

28 子育て態度の5大罪悪

●大人は、あこがれの対象

「お父さんやお母さんのようになりたい。将来○○のような仕事をしたい」。子どもにとって大人は、あこがれの対象、人間としてあるべき姿の手本でありたいものです。子どもは、安心・信頼できる大人の無条件の笑顔の保護の下で、たくさんの失敗やまちがいを重ねながら少しずつ成長していきます。子どもの成長は大いに喜ばしいことですが、子どものしたことに一喜一憂して、大人の態度がコロコロ変わってしまっては、子どもは戸惑ってしまい大人の顔色をうかがったり、自信がもてなくなったりします。

●子育て態度の5大罪悪

人間関係の基本である親子関係がうまくいかないと、人間を信頼できない、あるいは自分に自信がもてずコミュニケーションをとるのが苦手な子どもに育つ危険性があります。河添邦俊先生は子育てをする親・子育てに関わる大人として気をつけたい「子育て態度の5大罪悪」を提案しています。

過保護……子どもがやろうとしていること、思っていることの先へ先へと援助の手を差し伸べ、配慮過多になっている場合。子どもは試行錯誤の中で、

いろいろなことを学び、発見し、成長していきます。過保護の子どもは依存性が強くなり、自律性の育ちが遅れます。

　過干渉……子どもの言動に対して、大人の手出し・口出しが多すぎる場合。威圧的な目付きや雰囲気にも子どもはストレスを感じて意欲を失ったり、情緒不安定になったりします。指示がないと自分からは何も行動できない、判断ができない子どもになってしまう恐れがあります。

　過管理……大人のものさしで作った型にはめて命令‐服従の関係にしようとしたり、決められたことのみを実務的に処理させる場合。子どもの命と健康の管理、自律性と自立性の育ちに応じた「自由」の管理は必要ですが、子どもの自主性や意欲、自由な発想や創造性を奪うものであってはいけません。

　過放任……「何でも子ども任せ」「子どもの自由に」「子どもの好き勝手」にさせすぎる場合。自由や自主性は、自律性や自立性の育ちに応じて、拡大されていくものです。脳が未発達の「子どもの自由に」して、乱れた生活や弱さを引きずったままの生活を送らせると、脳とからだは十分育ちません。大人には生活環境を整え、「生体の生活リズムの自律性」を身につける援助をしていく義務と責任があります。

　過期待……大人の尺度や価値観で子どもの言動を評価し、子どもへの期待が大きすぎる場合。「発達の最近接領域」を越えた課題は、子どもへのストレスになります。つぎの発達課題に挑戦できるようになるまでには、いまできることを充実させる必要があります。成功や不成功、できばえよりも「どうやったのか」という過程や試行錯誤の過程、満足感が大切です。大人の期待が大きすぎると、大人の顔色をうかがったり、自己肯定感を失いがちになります。

●自由を獲得していく子ども

　「子育て態度の５大罪悪」は、大人が気をつけて子どもと向かい合わなければならない「戒め」です。ただし、子育てには、子どもの弱さや未熟さを補うための保護や、誤った判断や行為を正し、導くための干渉も不可欠です。そして、子どもの自律性と自立性の育ちの段階に応じて、自分でできることは進んでやらせる、仲間とともに育ち合うための適切な放任も必要です。子どもたちはできること、わかることを育ちの過程で増やしながら自由を獲得していきます。子どもの毎日の生活が活力に満ちたものになるためにも、大人は適切な保護・干渉・管理・放任・期待を行ないながら、豊かなコミュニケーションの中で子どもの育ちを援助し、見守っていくことが大切です。

図29 さまざまな神経核

アミン類の神経核一覧

(図：ドーパミン A9〜A15、ヒスタミン、セロトニン B1〜B9、ノルアドレナリン A1〜A7、アドレナリン C1〜C3、終脳・間脳・中脳・橋・小脳・延髄・脊髄)

ドーパミンは前頭葉の働きを高める

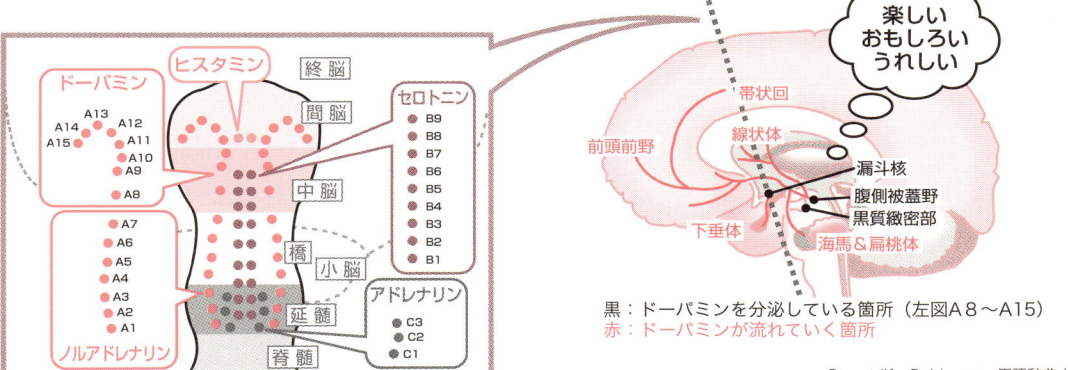

（楽しい おもしろい うれしい）

前頭前野、帯状回、線状体、漏斗核、腹側被蓋野、黒質緻密部、海馬&扁桃体、下垂体

黒：ドーパミンを分泌している箇所（左図A8〜A15）
赤：ドーパミンが流れていく箇所

Smart life Guidance 用語辞典より

29 ヒトの脳は柔軟性に富んでいる

●報酬系

脳幹・間脳内には大小さまざまな神経核（神経のかたまり）が3列に順序よく並んでいて、それぞれ脳のいろいろな場所と連絡して、脳の働きを活発にしたり抑制したりしています（図29参照）。この神経核群を「報酬系」と呼びます。

「報酬系」の内側をB系列と呼び、セロトニンを分泌して気持ちを穏やかにしたり興奮を抑制したりします。真ん中の下の延髄にはC系列があり、強い恐怖や命の危機に迫られた時に怒りや闘争心などを駆り立てるアドレナリンを分泌します。外側をA系列と呼び、下から数えてA1〜A7まではストレスを解消しながら頑張ってやる気を出させる時のホルモンであるノルアドレナリンを分泌します。また、その上のA8〜A15は、うれしい時や楽しい時に分泌されるので「快楽物質」ともいわれているドーパミンを分泌します。

●A10神経

その中でも注目したいのが、快の情緒の源の中心といわれるA10神経です。A10神経は中脳の黒質という神経核から始まり、視床下部、大脳辺縁系を通り、大脳新皮質の前頭葉前頭前野、側頭葉へ達する神経です。36ページでも紹介しましたが、前頭葉前頭前野は人間の精神力（社会性・言語性・行動性・感情性・創造性などの人間らしさ）を統合する、精神活動に関わる重要な部位です。

A10神経が活性化されて快感を感じると、ドーパミンという神経伝達物資が分泌されて、前頭葉前頭前野と側頭葉へその快感刺激が伝わり、豊かな人間性を発揮していきます。

●脳は柔軟性に富んでいる

ドーパミン神経系は対人関係のためにセットされた神経系ともいわれますが、対人関係でうれしい・楽しい・面白い・満足という感情が沸き上がっている時、前頭葉はフル回転しています。脳は柔軟性に富んでいて、生きている限り変化しながら育っていきます。まして、子どもの脳は発達過程にあります。さまざまな事情で育ちにくさを抱えているにしても、対人関係でも楽しいコミュニケーションが、ふたたび脳の働きを活性化し、情緒（＝喜怒哀楽）が育っていく可能性があるということを重視したいと思っています。

園長便り❶ 笑顔があふれ、いのちが輝く

　「あそびの杜保育園」が「ムーミン保育園」の隣にできて、もうすぐ1年が経ちます。開園がつい昨日のことのような気がしますが、もうずっと前からそこに「あそびの杜」があったような気もします。子どもたちとも先生たちともずっと前から知り合っていたかのような家族的な会話を交わすこともあり、居心地の良さを感じることもしばしばです。私だけでなく、みんなが「ムーミン」・「あそびの杜」を居心地のいいところだと感じてくれていると嬉しいのですがどうでしょう？

　私が3階で遊んでいる3・4歳児を見ていた時のことです。Y君が近づいてきて言いました。「この前ね、遊んでいたらね、相馬先生のにおいがしたよ。ぼくね、ママのにおいも好きだけど、相馬先生のにおいも好きだよ。3階に来る時ね、『先生いるかなあ？』って思うんだよ。」と、こんな嬉しいことばで喜ばせてくれました。

　子どもたちは、時々しか一緒に遊んだりお話したりできない私に、その時々の気持ちをぽつぽつと話してくれます。私と子どもたちの間では、○○しなければならない、××でなければならないという場面が少ないので、子どもたちも話しやすいのでしょうか。私としては、たまにしか相手をしてやることができないので、「うんうん」と話を聞くしかないのが本当のところです。

　何かができて嬉しい時、先生に叱られて悲しい時、面白い時、いろいろな気持ちの時に子どもたちは私に話しかけてきますが、その中でも一番多いのはどんな気持ちの時でしょう。一番目は、とてもわかりやすい「得意な気持ち」の時です。何かがうまくできた時、がんばって上手になった時、子どもたちはそれはもう、目をきらきら輝かせて「すごいでしょう！」と言わんばかりに私に近寄ってきます。では、二番目は？…実は、なんだか寂しい気持ちの時に、子どもたちは私に近づいてくることが多いようです。「先生、今日はママと駅で会った？」と話しかける子もいれば、「おはようございます。」と言いながら近寄っては来るものの、特に話したいこともないのだけれど、何かを訴えるような目をしている子どももいます。あるいは、黙って手を握る子どももいたり、膝の上にそっと乗ってきたりする子どももいます。赤ちゃんなどは、通りすがりに目を合わせると喜んで「おはしゃぎ反応」を示します。

　先生たちがどんなにかわいがっても、お父さんやお母さんにはかないません。「お母さんと一緒がいい。」と思った時には、どうしようもなくお母さんが恋しくなってしまうのです。理由なんかないのです。それが子どもというものだと思います。それに、担任の先生は大好きだけれども、独り占めできる時ばかりではありません。ですから担任を持たない私は、甘えてみたい、あるいは甘えられる存在なのでしょうか。そうだったらとても嬉しく思います。

　「仕事なのだから仕方がない…」確かにそうなのですが、大人の都合です。子どもの要求や都合とは違います。子どもが子どもらしく生き生きと命を輝かせてすくすくと育つために、私たちにはその子どもの発達要求をかなえる義務と責任があります。子どもたちが笑顔で、こころとからだがいつでも元気でいられるようにできるだけのことをしたいと、わが子の子育ても含めていつも思います。思っていてもできないこともあるのですが、「今この子にどんなことばと態度が必要か？　生活の中で大切にしなければならないものは何なのか？」と省みて、仕事を言い訳にしてしまいがちな自分を戒めることも必要です。そして常に「私たちから先に笑顔で」を心がけたいですね。

（「ムーミン保育園・あそびの杜保育園」文集, 2006年より）

第2章

さまざまな形で現われている乳幼児期の発達の弱さ

図30 乳幼児期の発達の3つの弱さ

① からだと運動能力の発達に遅れや弱さをもつ

② 遅寝・遅起きで午前中の活動時に元気がない

③ 発話が遅い子どもや多弁だけれどコミュニケーションがとれず集団ではうまく遊べない

30 乳幼児期の発達の3つの弱さ

●3つのストレスと発達の弱さ

子どもたちが抱えている3大ストレスとして、第1に、ヒトとしての「生体の生活のリズム」、第2に、からだを動かして遊ぶ環境が少なくなっている、第3に、コミュニケーション能力の低下をあげましたが、この3つのストレスが子どもたちの発達の弱さを生じさせています（31～40ページ参照）。

子どもたちの発達の弱さは、乳幼児期から見られますが、3つの大きな特徴があります。

●からだと運動能力の発達に遅れや弱さ

❶乳幼児期の運動発達や姿勢の保持、からだの動かし方や手先の無器用さのように、からだと運動能力の発達に遅れや弱さ……

たとえば、小学校の3、4年生を過ぎても、「直立」と「直立状二足歩行」の力が十分身についていない子ども、男子でも両方の膝が重なりやすいX脚状のままの状態で、つま先を内側に向けて内股で歩く子どもがいます。乳幼児期・学童期の運動不足がそうした運動能力や筋肉の弱さの原因です。

●遅寝・遅起き、昼寝をしない

❷一日の睡眠時間が短くなっている傾向にあり、とくに午前中の活動時に元気がない子どもが多い。全体的に遅寝・遅起きの子どもが多く、幼児期においては3歳を過ぎると昼寝をしない子どもが増えている……

このような子どもは、朝から午前中にかけて、まだ脳が活発に働かない状態で、からだを動かすことについても消極的で、午前中はボーっとしていることが多いようです。睡眠不足は、子どもの情緒を不安定にし、登園の際にぐずったり、些細なトラブルや喧嘩ですぐに泣いたり、イライラして暴力的になったりします。

●コミュニケーション能力の未発達

❸発話が遅い子どもや1対1の関係では語彙も豊富で多弁だが、集団ではうまくコミュニケーションがとれず遊べない子どもが多い……

たとえば、1歳半を過ぎても初語が現われず、2歳近くなってからようやくカタコトの発話が見られるというような例があります。乳幼児期の子どもの間で起きる問題行動としてよく取り上げられる、かみつき、ひっかきなどの他傷行為や「一人でいることが多い」「友だちとうまく遊べない」などの背景には、このような発達の弱さが潜んでいます。

図31 乳児期の発達の弱さ

運動発達の遅れや弱さがある
・寝返り・はいはい・歩き始めが遅いか早すぎる。抱きにくい
・獲得すべき運動課題の飛び越し

睡眠リズムが作り難い 眠りが浅い
・生後7～8カ月を過ぎても夜まとまって眠れない
・眠りが浅くちょっとした物音ですぐに目覚めてしまう。眠いのに眠れない。機嫌が悪い

ことばの発達が遅い
・表情の変化に乏しい
・笑い声が少ない
・初語が遅い
・ことば数が増えていかない

←発達の弱さや遅れ→

31 運動・睡眠・ことばの発達の弱さ

●乳児期の発達の弱さや遅れ

　近頃の子どもの発達の傾向を乳児期と幼児期に分けてみると、幼児期の発達の弱さや遅れが乳児期のそれと共通していたり、弱さを克服できないままにもち越していたりすることがわかります。乳児期の発達の弱さや遅れにはつぎのような点が指摘できます。

●運動発達の遅れや課題の飛び越し

　第1は、運動発達の遅れや獲得すべき運動課題の飛び越しです（育ちそびれといった方が適切かもしれません）。運動発達の遅れの方は、わかりやすく、一般的にはその力を獲得するであろうと思われる時期になっても、寝返りやはいはいや歩き始めが遅い状態をいいます。運動課題の飛び越し（育ちそびれ）は、少し複雑で、首が十分にすわっていないのに寝返りを覚えてしまったり、はいはいをしないか、はいはいをしていてもそのはい方がほふく前進のようなずりはいになっていたりします。お腹を床から離してからだを両腕と両膝で支えて進む膝つきはいはいを獲得しないまま、つかまり立ち、伝い歩きをして歩行に至ったりします。はいはいをしないで居ざる子どもや、背ばいをする子どもや、バタフライのようなはい方をする子どももいます。その後本来は床から膝を上げて、両手と両つま先ではう高ばいから自分で直接床から立ち上がって歩くのが望ましいのですが、そうした高ばいをしないで、つかまり立ちや伝い歩きから手を離して歩き始める子どももたくさんいます。

●乳児期の睡眠の発達が未熟

　第2は、乳児期の睡眠の発達が未熟な子どもが多いことです。通常赤ちゃんは、生後7、8カ月を過ぎるころから、昼間は起きて活動的になり、夜間はまとまって眠ることができるように睡眠リズムも発達してきます。しかし、寝返りを獲得し、お腹をつけてぐるぐるとからだの向きを変えて移動したりできるようになっても、夜まとまって眠ることができず、2、3時間位経つと起きてしまい、ぐずってからまた寝るということをくり返す赤ちゃんがいます。そうした赤ちゃんが昼間は昼寝を長くしているかというとそうではなくて、昼間はちょっとした物音ですぐに目覚めてしまうとか、布団に寝かせると目を覚ましてしまい「だっこ」や「おんぶ」をしたままでいないと眠らなかったりするのです。1歳前でも、夜は寝るけれども、お昼寝をしないか、もしくは寝ても30分から1時間くらいすると起きてしまうという赤ちゃんもいます。そうした赤ちゃんは、

図32 運動面の弱さ

抱きにくい
・からだが硬い。つっぱる。ぐにゃぐにゃした感じ。向き癖。縦抱きを好む

うつ伏せが苦手
・首のすわりが悪い。ひじや腕でからだを支えられない。後ばいをしない

寝返りが早すぎる・遅すぎる（6～7カ月ごろが望ましい）
・一方向だけに寝返る。反り返るようにして寝返る。早すぎる寝返り

ずりばい・背ばい・バタフライ・カエル様など変わった形ではう
・はいはいをしない・嫌がる。手が開かないはいはい。下を向いたままで前を見ないではう。早い時期の「おすわり」の弊害……座位を好んではわない。いざる

始歩が早すぎる・遅い（13カ月頃立ち歩くのが望ましい）
・高ばいをしない……つかまり立ちや伝い歩きの弊害。早すぎる始歩。爪先立って歩く。内股で歩く

慢性的な睡眠不足の状態にあり、不機嫌・よく泣く・怒りっぽい・授乳中もじっとしていられない・からだをよくつっぱらせるなどの特徴が見られます。

● **ことばの出始めが遅い**

第3は、ことばの出始めが遅い子どもが多いということです。1歳半を過ぎても一語文が出てこない子どもが多いのです。一語文とは、意味のある単語で伝えることばで、たとえば、子どもの発した「ワンワン！」は、「犬が来たよ」とか「犬が恐いよ」などという気持ちを現わし、相手に伝えるためのことばをいいます。ことばの遅い子どもたちは、2歳近くになって、ようやく単語のやりとりができるようになり、2歳になってから二語文（「ママ、クル」など）から三語文（「パパ、カイシャ、イッタ」など）へと単語がつながり始めていくのです。少し前までは、1歳で初語、1歳半で二語文、2歳では多語文から会話へというのが通常の言語発達のスピードでしたが、近年ではこれに当てはまらずに、ことばを発するのに時間を要する子どもが増加しています。

32 ある市の2・3歳児の親子教室

● **15年以上続く教室**

私は、3カ月に一度の割合で、H市の保健センターで2・3歳児の親子教室の講師を務めています。1歳半健診あるいは3歳児健診後の親子をフォローしていこうという目的で設けられた教室ですが、親子遊びの指導・食事面での指導・個別面談・生活の指導が組み込まれていて全6回を1サイクルとして、年4回開かれています。私は、生活面の指導を親向けの学習会と発達相談という形で、役割を担っています。このとりくみはH市で15年以上も続けられています。

ことの始まりは、「7カ月健診・1歳半検診で心配な子どもが7、8人いるのだけれども、親御さんへのアドバイスをしてくれませんか」というものでした。育ちの心配な子どもや障害をもつ子どもを乳児期からフォローしていけば、3歳になって親をあわてさせることも少なくなるだろう、3歳頃には心配された歩行やことばの発達も、解消されるケースが増えていくだろうと考えていました。しかし、乳児期と幼児初期のみのフォローだけでは足りず、それ以降も継続的な援助が必要だということになっていったのです。そればかりか、2、3歳になって新たに歩行やことばの問題、加えて、人との関係における問題を抱えている子どもたちが増えています。

図33 抗重力筋が弱いと

首の立ち直り反応の弱さ
・転んで顔や頭をけがする。首を左右どちらかに傾ける。あごを突き出している。よくほおづえをつく。口をぽかんと開けているなど

肩・腕・手首・手の弱さ
・転んだ時に手でからだを支えられずけがをする。鉄棒・縄跳び・球技などが苦手。手先が不器用。手と足の協調運動が下手など

体幹の弱さ
・猫背、側湾、出腹・出尻。からだが左右どちらかに傾いている。やがて肩こりや腰痛の要因

姿勢反射の弱さ
・転んだ時に手が出ない。背筋がピンとしていない（ぐにゃぐにゃする）。多動など

足の弱さ
・X脚やO脚のまま未発達。内股・外股で歩く。正座ができない。土踏まずの形成が悪く扁平足。長時間立っていられない。外反母趾。かかとやつま先のゆがみなど

　教室を発足した当初、参加者が4、5名という時もあったのですが、今では20名を下回ることはありません。この人口約13万人の小さな市でも1年間で、100名もの2・3歳児が「発達援助が必要」となっているのです。療育センターなどで指導を受けている子どもたちを合わせると、相当の数の子どもが援助を必要としています。

● **ボーダーラインの症状**
　乳児期の育ちを厳密に見ていくと、運動面において発達の弱さや遅れがあることがわかります（図32参照）。「個人差」として片づけていいものばかりではありません。「個人差」が生じてくるのにもそれの原因や過程（経緯）があります。健康でも通常の発達を遂げていない、しかし、「異常」とも「遅れ」とも「障害」とも判定できない乳幼児が増えています。

　そうした状況では、あたかも問題のない「個人差」という括りで子どもの発達をとらえるのは危険です。どの子も発達のそれぞれの段階で必要な力を獲得していくようにすることが大切なのです。

33 はう運動が手の操作性を育てる

● **抗重力筋の発達**
　乳児期にはう運動などが不足すると抗重力筋が十分に発達しません。抗重力筋は、重力に逆らって姿勢を保つ筋肉で、ヒトの特徴である直立と直立状二足歩行を獲得するためにもっとも重要な筋肉です（図33参照）。赤ちゃんの首が座り、うつ伏せの姿勢からはいはいを経て立ち上がり、2本の足で歩くようになるまでの過程は、まさしく抗重力筋の発達の過程です。

　図32に示したような弱さが現われている子どもは、抗重力筋の育ちが弱いということになります。乳児期にはい獲得までに時間がかかり過ぎたり、はいはいの時期が短かったり、あるいははっていてもそのはい方に弱さや歪みがあったりした場合には、その後、立ち、歩くようになってからも、姿勢と運動、手の働きに弱さを残すことが多いのです（図33参照）。

● **はいはいが不十分な子ども**
　「おすわり」や「いざり」「つかまり立ち」や「伝い歩き」が盛んで、はいはいが不十分な子どもがたくさんいます。はうよりも座ったり立ったりしている姿勢の方が、視線が高くなるので視野が広がり、その方を好むのです。視線を高くした状態で移動しようとすると、「いざり」や「伝い歩き」になって

しまうのですが、赤ちゃんは重い頭やからだを支えるのに十分な足腰の筋力が育っていないので、膝や足首、かかとやつま先に大きな負担がかかります。その結果として、かかとやつま先に歪みが出たり、内股や外股で歩くようになり、転びやすくなったり、転んでも手が出ないという状態が生じてきます（図33参照）。

●はう運動と手の操作性

　乳児期のはいはいは、肩・腕・手でからだを支えながら移動運動をするので、その部位の抗重力筋が盛んに使われますが、立ち、歩くようになってからは、意識的に運動をしないかぎり、抗重力筋として働く機会はあまりありません。

　乳児期に、からだを両腕で支えながら力強くはう運動が、その後の手の働きに影響を与えてくるのです。握る・打つ・振る・押す・引く・からだを支えるなどの肩・腕・手の運動は、重力に低抗する運動で抗重力筋が働きます。筋肉運動に、肩や手首の柔軟な関節の動きと視知覚による空間認知の働きが加わり、手は初めて物を操作できるようになります。

　柔軟に働く筋肉と関節は意思によるコントロールが可能で、くり返して練習すれば思ったように手を動かすことができるようになるのです。そうした筋肉運動としての手の動きと、目でしっかりと目的物を見て、空間の方向性や速さを考えながら手と目を協応させることを「手の操作性」といいます。乳児期に、しっかり前を向いて、手の指を開いてからだを支えながら力強くはうことが、その後の手の働きに関係しているのです。

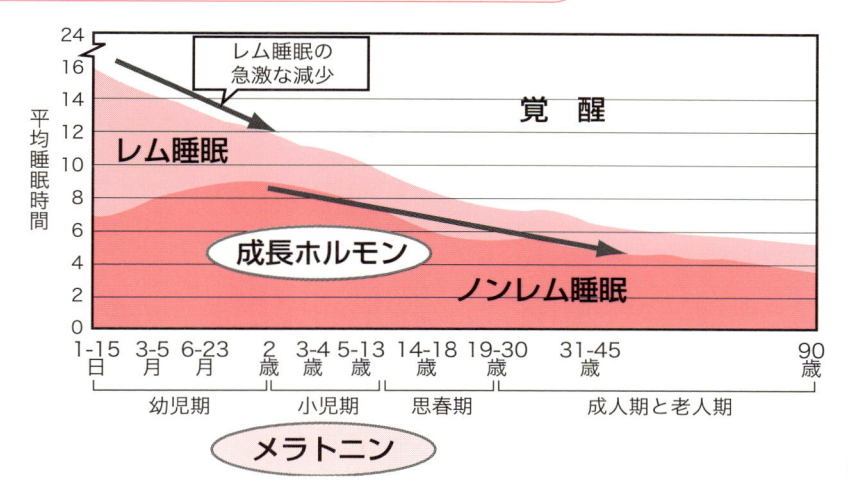

図34 ヒトの一生における睡眠の変化

（グラフ：平均睡眠時間の年齢による変化。レム睡眠の急激な減少、覚醒、ノンレム睡眠、成長ホルモン、メラトニンを示す。横軸：1-15日、3-5月、6-23月、2歳、3-4歳、5-13歳、14-18歳、19-30歳、31-45歳、90歳／幼児期、小児期、思春期、成人期と老人期）

Roftwargら、1966

34 ヒトの一生における睡眠の変化

●子どもの睡眠の特徴

　子どもの睡眠は、大人の睡眠とは異なっています。図34は、ヒトの一生における睡眠の変化を示したものですが、睡眠は脳やからだの発達や健康と深く関わり合いながら、睡眠の質と量は年齢によって変化していき、睡眠のリズムも発達していくのです。胎児期や新生児期の睡眠は未分化で睡眠総量が多く、昼夜にわたって2〜3時間ごとに小刻みにくり返されます。この時は、レム睡眠とノンレム睡眠は同じくらいの量で出現しています。

●生後7〜8カ月頃の睡眠

　生後7〜8カ月頃になると次第に赤ちゃんは昼と夜の区別がはっきりしてきて、昼間は起きている時間が多くなり、昼寝も午前と午後にそれぞれ1回ずつするようになります。夜は4〜5時間位はまとまって眠れるようになります。

　一日の睡眠時間は少し減って、レム睡眠も生まれたばかりのころに比べると少しずつ減っていきます。脳もからだも急速に発達している時期です。

●1歳〜1歳半頃の睡眠

　幼児期にさしかかる1歳〜1歳半を過ぎる頃からノンレム睡眠3段階4段階の深い眠りも出現するようになり、そのなかでノンレム睡眠が先行し、レム睡眠が後続する睡眠単位が確立していきます（図08参照）。

●2歳から学童期の睡眠

　2歳前には睡眠は昼夜リズムと同調し、昼寝が1回になり、夜は朝まで連続して長く眠れるようになります。さらに、幼児期から学童期には、夜間の睡眠の中で成長ホルモンやメラトニンが一生を通してもっとも多く分泌される時期で、より夜の睡眠が安定してきます（図06参照）。

●思春期から成人期の睡眠

　思春期から成人期にかけては、睡眠は社会的生活に強く影響されるようになり、睡眠総量は減少する傾向を示しますが、個人差も大きくなります。一般に深いノンレム睡眠が多いパターンが継続します（図09参照）。

　睡眠は加齢とともに質の劣化が見られ、睡眠時刻のズレ、深いノンレム睡眠の減少、中途覚醒の増加による睡眠の分断化、昼寝や居眠りの出現などが起こります。

●睡眠障害に要注意

　睡眠中頻繁に目を覚ましたり、夜になってもなかなか寝付けない、昼夜の区別がない睡眠パターンなど、乳幼児の睡眠障害は、脳の発達に悪影響を及ぼ

図35 眠りに問題がある赤ちゃん

なかなか寝つかない、寝つきが悪い
- おっぱいやミルク、おしゃぶりをくわえさせて寝かせる。
- 抱っこやおんぶ、からだを揺する、さする、軽くトントンたたくなどしないと寝つかない
- 歌・音や車の震動などの単調な刺激がないと眠れない

夜中に何度も目を覚まし、泣く、遊ぶ
- 夜泣きがおさまらない。外に連れ出す

夜中の授乳が止まらない
- 1歳を過ぎても断乳できない

生活が昼夜逆転している
- 夜型で、寝る時間が遅い

→

体調不良になる
- 免疫力が低下する。風邪を引きやすい
- 必要なホルモンの分泌が抑えられる

日中、眠気を感じ、活発でなくなる
- 健全な発育が阻害される
- 現在の望ましくない眠りの習慣が強化され、改善が難しくなる

情緒が不安定
- 興奮しやすい。怒りっぽい
  ぐずりやすい。落ち着きがない感じ
- 不機嫌な時が多い。理由がわからないがよく泣く
- おとなしすぎる

し、自閉傾向やADHD（注意欠陥多動性障害）との関連も報告されています。また、小学生・中学生の不登校やひきこもりは、日常的な夜更かしから慢性的な睡眠不足となり、睡眠リズムの乱れが一要因にもなっていることも指摘されています。

35 途中で起きて泣く 眠りに問題がある赤ちゃん

●赤ちゃんを寝かしつける

大人は眠りにつくと間もなく、ノンレム睡眠の深い眠りになりますが、新生児の場合、レム睡眠から始まります。赤ちゃんが、抱っこやおんぶで眠っていても、布団に寝かせようと降ろしたとたんに目が覚めてしまうのもそのためです。

赤ちゃんを寝かせるために、よくおっぱいやおしゃぶりをくわえさせたり、抱っこやおんぶ、からだを揺する、軽くトントンたたく、歌を歌ったりなど、単調な刺激を一定時間くり返すという方法を採る人が多いようです。しかし、赤ちゃんはそれを入眠の儀式として覚え、それなしでは眠れなくなります。睡眠は寝つく際にも眠ってからも、習慣やパターンを作りやすいのです。

乳幼児はレム睡眠が多いので、夜中に目を覚ましやすいという特徴があります。目覚めても一人ですぐに眠りに戻ることができる子なら問題はありませんが、一人で寝る習慣が付いていない子どもの場合、目覚めるたびに泣いて親を呼び起こします。時には、決まった時間になると「夜泣き」をする子どももいます。特別な刺激を与えなくても眠りにつくことができる方が望ましいのです。

1歳を過ぎても夜眠る前に授乳をしながら寝かしつけたり、起きるたびにおっぱいをくわえさせたりしながら寝かせていると、2歳を過ぎてから子どもを眠らせることにますます手がかかるようになります。しかも、夜間の授乳は夜中に食事をとることになってしまいますから、食事と睡眠のリズムが乱れ、子どもはまとまって夜通しぐっすり眠ることができなくなってしまいます。

●ドーパミン神経系

レム睡眠中にドーパミンホルモンが生成され、日中の活動時、快の情緒と共に集中力や好奇心を起こして前頭葉の働きを高めます。とくに、幼児期はドーパミン神経の活性が高いと考えられています。日中、ドーパミン系神経が活発に働き、それを調節するためにノルアドレナリン神経系やセロトニン神経系が働きます。日中、十分に遊び、活動することがノル

図36 0歳児・1歳児に多い情緒の問題

すぐにかんしゃくやパニックを起こす
・大声で泣きわめく。なだめても泣きやまない。奇声を上げる

乱暴
・たたく。噛みつく。髪の毛を引っ張る。突き飛ばす。物を投げるなど

落ち着きがない
・食事が落ち着いてできない。頻繁にぶつける

自傷行為
・床や壁に頭を打つ。髪の毛を引っ張って怒るなど

自慰行為
・おもちゃを持つことができるようになっても指しゃぶりをしていることが多い。タオルや毛布の端をいつもしゃぶる

アドレナリン神経系やセロトニン神経系の機能が発達させることになります。

●セロトニン神経系

一方、セロトニン神経系はノンレム睡眠中に活発に働いてドーパミン神経系の働きを抑え、深い眠りを出現させます。セロトニンは、興奮を抑えたり穏やかな気持ちになるなどの感情を起こし、ドーパミン神経系の調節を行ないます。乳児期に活性が高いといわれていますので、赤ちゃんが興奮して眠れないとか、ぐずぐずしてなかなか寝つけないというのは、セロトニン系神経の発達が未発達な状態ともいえるかもしれません。

36 0歳児・1歳児 情緒が発達していく

●ご機嫌と不機嫌

赤ちゃんは、ぐっすり眠った後、おっぱいを飲んだ後、お風呂上がり、おむつ交換の後など、機嫌が良いものです。よく声を出し、手足も活発に動かします。また、親しい大人がそばを通っただけで声を上げたり手足をバタバタさせたりして喜び、「遊んでほしい」気持ちを顔とからだ全体で表現します。赤ちゃんが泣いたりぐずったり、不機嫌な時は、日常育児をしている大人ならその原因がわかり、それを取り除いてやるとたいていは機嫌が直ることも知っています。

ところが、赤ちゃんが不機嫌になる理由がわからないという親御さんの訴えがよくあります。よく泣く、怒ってのけぞる、かんしゃくやパニックを起こす、お腹がすいているはずなのに飲まない、眠いはずなのにグズって眠らないといった具合で、その対応に苦労しています。あるいは、一日機嫌良く元気に遊んでいるにもかかわらず、昼寝をしないとか、夜も寝つきが悪いなどという相談もあります。

ちょっとしたことで大きな声で泣き、なかなか泣きやまない、乱暴、落ち着きがないなどは程度の問題で、どの赤ちゃんにもそういったことはあります（図35参照）。一般的に、赤ちゃんはよく泣き、あやすとよく笑い、よく動いて目が離せないものです。

●おとなしい赤ちゃん

おとなしい赤ちゃんの場合は「おとなしすぎて困る」という保護者からの訴えは少ないのですが、保育園などでたくさんの赤ちゃんを見ていると、表情が硬く変化に乏しい、あやすとにっこりしますがあまり笑わない、一人で放って置かれてもしばらくは平気な赤ちゃんが多くなっていることに気がつきます。おとなしい赤ちゃんはいろいろな点で大人に対

する訴えが少ないので、大人が手をかけることが少なくなりがちです。これは、子どもにとっては必ずしもいいとはいえません。

●指しゃぶりとおもちゃ遊び

指しゃぶりは、生後6カ月近くまではどの子にも現われる現象です。しかし、その後、おもちゃを手に持って顔にかざしてみたり、振って遊んだり、口にくわえてその感触を楽しんだりできるようになると指しゃぶりはなくなります。大人に相手をしてもらえず、つまらない時に、自分の指を吸って、自己刺激を与えてその状態をしのいでいるのです。おもちゃ遊びは、大人があやしながら赤ちゃんに遊ぶことの楽しさを教えないとできるようになりません。

指しゃぶりをそのままにしておくと、幼児期になっても、つまらなくなった時などに指吸いをするという自慰行為に定着化する場合があります。

●自傷行為

まだ、ことばや態度による表現力が十分に育っていない0歳児、1歳児では、適切な時に適切な方法で自分の気持ちを相手に伝えることができません。そのため、自分の思い通りにならない時や、大人の注意を自分の方に集めようとする時に、自傷行為として、床やテーブルや壁に頭や額を打ちつけたり、かんしゃくを起しながら髪の毛を引っ張ったりする現象が現われることがあります。子どもは手っ取り早い方法として、大人がすぐに自分に注目してくれそうな自傷行為をするのだと思われます。たたいたり噛みついたりする一見乱暴に見える行為もその一種です。

身体面でも精神面でも急激な変化をしていく1歳までの乳児期は、子どもの発達要求がどこにあるのかを察して、それに応じて周囲の大人が対応していくことが大切なのです。

図37 ことばが遅い

視線が合いにくい・表情の変化に乏しい

笑顔が少ない	笑い声が出ない・声が小さい

からだと脳の働きの不調和	眠り・食事・排せつなどのからだのリズムの不調和

↓

喃語が少ない

喃語の音の種類が少ない	声を出して要求を訴えることが少ない

大人があやして笑うことが少ない	からだが硬い・軟らかすぎなど未発達の状態

↓

初語が遅い・ことば数が増えていかない……1歳過ぎ

アーの発声や指さしで要求を済ませる	理解力・模倣力が弱い

大人が向かい合い、笑顔と笑い声の手本を！

37 喃語から反復喃語へ やがて一語文に

●ことばを覚えるのも模倣から

「赤ちゃんが一番初めに発したことばは何ですか？」という質問に、「アンパンマン」の「……パン」とか「アンパン……」を初語と答えるお母さんが近ごろ多いそうです。赤ちゃんにとって「アンパンマン」は、お母さんやお父さんよりも魅力的ということでしょうか。

赤ちゃんは、親しい大人に笑顔であやされながら、ことば以前の発声や喃語（まだ意味を持たない発声音）を発します。大人はそれを意味あることばとして受け取って相手をします。こうしたやりとりのくり返しを通して、赤ちゃんは人とのコミュニケーションの方法やその楽しさを身に付けていきます。ことばを覚えるのも模倣から始まります。生後3〜4カ月頃見られる「アーウー」「エウー」などの母音を主とした複数音節のものを「クーイング」、6〜9カ月頃に現われる「ダァダァ」「バブバブ」などの子音を含むものを「バブリング」と呼ぶ人もいます。また、クーイングは喃語以前のものとする分類もあります。

10カ月を過ぎるようになる頃には、「パッパッパ」などと短い音をくり返す反復喃語をたくさんしゃべるようになります。「マンマンマン……マンマンマン……ババババ……」など口唇音を中心とした反復喃語は、時に「パパ」や「ママ」などと単語を言ったかのように聞こえることがあり、大人は喜んで話しかけに応えていきます。そのくり返しが、やがて場面と発声が結びついて単語の発話＝一語文へと発達していきます。

赤ちゃんと大人は、「遊ばせ屋」と「遊ばされ屋」の関係ではなく、大人も自らも楽しみながら、赤ちゃんをあやし、目と目を合わせ、あるいは赤ちゃんが「キャッキャッ」と声を出して喜ぶようにからだを揺り動かし、笑顔と笑い声の手本を示していくことが大切です。大人が楽しそうにしていると、子どもは自然と大人に興味を示し、まねして声を出してくるようになります。

●ことばの獲得

ことばは、子どもの育ちの総合力の結果として現われるものです（図69）。ことばはある時期がくると突然話せるようになるのではないからです。言語の獲得をもって生まれた個性であるかのように、ことばが早いとか遅いとか言うのは正しくありません。

ことばの獲得にも道筋があり、ことばが遅いというのは、何らかの遅れの原因があるということを意

図38 幼児期の発達の弱さ

運動・姿勢の弱さと手先が不器用
・手と足の協調運動が下手。からだが不器用。姿勢が悪い。けがが多い
・箸や鉛筆などの道具の使用が下手。不器用

遅寝・遅起きで睡眠時間が短い
・朝6時頃起床、夜8時頃就寝することができない
・昼寝をしない。情緒不安定
・朝食をしっかり食べない
・午前中は不活発

ことばの発達が遅い
・ことばと行動が一致しない。内容が未発達
・多弁だが集団の話し合いが困難。争い事が絶えない。集団から外れる

← 発達の弱さや遅れ →

味します。運動発達が土台となって呼吸・摂食・構音器官が育ち、その一方でことばの認識力（理解力）と模倣力が育ち、また「話をしたい」という欲求が高まっていった時、脳やからだの働きに裏打ちされた言語脳が徐々に形成されていき、初めて聞き取れることばが表出してくるのです。

38 保護者が気にしている子どもの発達の問題

●個別相談で出る問題

私は、H市の保健センターで、「生体の生活リズムと子どもの発達」というテーマで親御さんたちを対象に話をしていますが、始める前に、子ども一人ひとりの問題点や発達の状態を保健師さんから聞き、短時間ですが親子で遊んでいる姿を見学します。講義の後は、個別に発達相談を受けますが、1歳半・3歳児健診などで「援助が必要」といわれた親御さんに「どんなことが心配ですか？」と聞くと、ほとんどの方がつぎのような問題点をあげます。

①ことばを話さないか、ことばが出ていても一語文か二語文である。ことばを話すけれども会話にならない。場面に関係ないことをいう。

②じっとしていられない。走り回っていることが多い。落ち着きがない。目的なく動き回る。爪先立って歩いたり走ったりしている。着席していられない。

③友達と遊ぼうとしない。友だちのしていることに興味を示さない。視線が合いにくい。人よりも物に対しての関心の方が高い。

④こだわりがある。新しい人や場所になじみにくい。パニックになりやすい。

●朝食前の散歩

私は、そうした発達の遅れや弱さや問題点をどうしたら解決していくことができるか、河添邦俊先生の提案した「一日の生活の仕方」を基に話をしています。その時に必ず、からだ作りの重要性とともに「朝食前の散歩」を勧めています。早起き・早寝・朝食前の散歩の習慣をつけていくと、歩く力や歩き方だけでなく、脳やからだの働きにもいろいろな効果が現われてきます。

生き生きとした表情になったり、集中力ややる気が出てきたり、記憶力が良くなったり、視線が合い、やりとりやことばが発達します。散歩から帰ったら、朝食をおいしくたくさん食べて、活動開始！「朝食前の散歩」は毎朝のリセットに最適です。

●3つの発達の弱さや遅れ

幼児期の発達の弱さや遅れはつぎの3点に大きく分けることができます。

> **図39 運動・姿勢の弱さと手先が不器用さ**
>
> **多動・高所登り**
> ・落ち着きがない。静止が困難（じっとしていられない）。背中がぐにゃぐにゃしている。高い所に登る。いつも手や足などからだのどこかを動かしている
>
> **寡動（動きが鈍い）**
> ・ゴロゴロしやすい。すぐに横になりたがったり、座り込んだりする
>
> **姿勢や構えが悪い**
> ・正座が困難。猫背。出腹・出尻。からだが傾いている。あごを突き出す。ほおづえをつく。そんきょの姿勢がとれない。内股歩き。壁にもたれかかる
>
> **からだの動かし方がぎこちない。手と足の協調運動が下手**
> ・転びやすい。転んでも手が出ない。顔や頭をけがする。からだが硬い
>
> **手先が不器用・肩・腕の力が弱い**
> ・箸や鉛筆などの道具を上手に使えない（持ち方が正しくない）。工作などが不器用
> ・鉄棒や雲梯（うんてい）やのぼり棒などができない。ボール運動が苦手

・運動・姿勢の弱さと手先が不器用
・遅寝・遅起きで睡眠時間が短い
・ことばの発達が遅い

　乳児期に運動面や言語面で遅れや弱さがあっても、幼児期になると年齢とともに、毎日の生活や運動や遊びの中で、それが改善されたり育っていったりする場合もあります。しかし一方では、乳児期から少しずつ気になっていた弱さや遅れが、1歳半〜3歳頃によりはっきりとしたものになってくる子どももいます。あるいは、4〜5歳児になって集団活動が多くなってくると、他の子どもとは違い集団行動にうまく適応できないとか、人間関係をうまく作れないとか、その子特有のこだわりがあって周囲の状況が読めないなどという子どももいます。

39 「幼・保・小」の子育ての連携　手先の不器用さ

●不器用な学生

　保育園には、ボランティア体験や職業体験で、中学生・高校生がよく出入りをしますが、その中には、からだの動かし方がぎこちない子、不器用な子がいます。「緊張していてからだが硬くなっているのかしら？」と思って様子を見ていると、緊張のためではなく、からだが器用に動くように育っていないことがわかってきます。園児と一緒にはいはいリズム運動をする時も不格好でリズムに乗れない、片付けや掃除などの要領が悪い、指示に対するのみ込みが悪い、字を書くのが下手。「あらあら、この子はちゃんと育っていない」と、溜息をつくことがあります。こういった不器用な学生さんには、子どもたちの世話をしてもらうよりむしろ、子どもたちと一緒に手やからだを動かして遊んでもらう体験をしてもらっています。

●「幼・保・小」の子育ての連携

　ここ2、3年前から、幼稚園・保育園・小学校の連携会議が各地域で頻繁に開かれるようになりました。小学校の先生からは、授業時間中じっと座っていることができない、平気で教室の床に寝転がる子がいる、机からよく物を落として授業に集中できない、私語が多いなどという報告があがります。「いったい保育園や幼稚園ではどんな生活や遊びしていたのだろう？」という疑問や、「就学前の子どもの育ちの様子をある程度把握していないと、子どもたちに対応した授業が進めにくい」という小学校側からの要請です。その一方で、保育園や幼稚園側からの「あの子は、小学校に入学してからどうしているのだろう」という問題意識もあり、双方の要求が「連

図40 4つの歩き方

正しい歩き方
・進行線と中心線が重なる。からだの中心軸がブレない。重心が中心にある

すり足状で歩く
・からだの重心が下がるから足をひきずる。足裏全体で歩き、左右に中心軸が揺れる

外股（ガニ股歩き）で歩く
・重心が下がる。左右に中心軸が揺れる。腰が下がる。O脚になりやすい

内股（うちわ）で歩く
・足裏全体が使われない、足の筋肉の使われ方が偏る

A 猫背　B 左右ゆれ　C そり返り　D 内股　E ひざ曲げ

Web　健康姿勢人より

携会議」という形になっています。最初は、小学校と中学校の間で始まりましたが、最近では、幼児期の育ちが重要であることが認識され、「幼・保・小」の連携が進んでいます。

● **自然な発達だけでは解消しない**

図39を見てください。からだ・運動・姿勢の育ちに弱さをもっている子どもたちが年々増えているように思います。これらはただ単に、幼児期の遊びを主としたからだ作りが全体的に不十分であるというだけではありません。「乳児期の発達の弱さや遅れ」を幼児期においても引きずっているのです。幼児期に自然な発達に任せておくだけでは解消しきれない、弱さや遅れとなってしまうことがあり、これらの弱さや遅れを育て直していくように育てていく必要があります。

40 幼児期の歩く力の弱さ

● **頭や顔のけが**

最近の子どもたちに多いけがは、頭部や顔のけがです。段差のあるところを歩いていて転びおでこや鼻を打ったり、遊具から飛び降りた時に顔から落ちたり、友だちとぶつかった拍子に吹っ飛び頭を壁にぶつけて何針も縫うような大けがになったりします。乳幼児は、頭が大きくて重く、ちょっとしたことでバランスを崩しやすいという特徴をもっています。重い頭を支えて歩くためには、強い足腰が必要ですが、足腰の力が不足しているのです。

● **転んでけがをする理由**

なぜ、転んで頭や顔をけがをするのでしょう。
第1に、転んだ時に反射的に手が出ないからです。
第2に、本来大切な頭部（脳）を守るために働く、「首の立ち直り反応」が弱いからです。生理学的には、「保護伸転反射」と「姿勢反射」が生まれつき弱いか、十分に獲得されていないと考えられています。これらの反射的な行動は、中脳（図03）を中心に行なわれますが、中脳の働きが弱いと、転んだ時に顔や頭をかばって手を出したり（保護伸転反射）、「おっとっとっと」とたたらを踏みながら頭を地面に対して垂直に保つように首を起こしたりする力（首の立ち直り反応）が育ちにくいのです。

「首の立ち直り反応」や「保護伸転反射」は、顔を上げて前を見ながらはいはいする過程で発達していきます。はいはいをあまりしないで早くから立って歩いた子どもが、転んだ時に手が出せず、あるいは手が出てもからだを支えきれずに、頭や顔をけが

図41 手と足の協調運動が下手

からだが硬い
・肩や背中が硬い。足首が硬い

バランスが悪い
・左右差がある。手と足の協調性が悪い

視空間のコントロールが悪い
・目と手の協応・目と足の協応動作が悪い

ボディイメージ（からだの動きの組み立て）が悪い
・からだの動かし方がわからない

運動のリズム感が悪い
・からだの動きのタイミングがつかめない

→

リズム運動やからだの表現力が下手
・ペタペタ走る。つま先立って歩く
・つま先を使って着地ができない

障害物や運動遊具を使った運動遊びが苦手
・縄跳び・鉄棒・とび箱・はしご・平均台などが苦手

ボール遊びが苦手
・投げる・打つ・キャッチする・突く・蹴るなどが下手

することが多いのです。

●**歩きの弱さ**

一方、幼児でも足の運び方や動かし方に弱さがある子どもが増えています。爪先立って歩く、いつも小走り状で歩く、左右のどちらかの爪先を引きずるようにして歩く、内股（うちわ）で歩く、外股（そとわ）で歩く、すり足状で歩くなどが見られます。このような歩き方では、段差やでこぼこ道を歩くと転びやすいのです。

3歳頃までに見られる内股歩き……その多くは、乳児期のはう運動の不足、つかまり立ちや伝い歩きによってO脚が進行し、膝から下の骨が内側に捻じれる下腿骨内捻、足の前半分が内側に曲がっている内転足が原因です。

3歳以降に見られる内股歩き……歩く運動の不足によって大臀筋の発達が遅れて足が内側に捻じれたX脚、大腿骨頭が前にねじれている場合が多く見られます。こうした子どもは、床の上でとんび座り（わり座）をしていることが多く見られます。正座の習慣をつけることでゆがみを軽減していくことができます。直立と直立状二足歩行はヒトの特徴です。通常7、8歳頃までに歩行力の弱さをなくしていくようにします。

41 からだの動かし方がぎこちない子どもたち

●**運動面の5つの不器用さと弱さ**

歩行や姿勢の育ちが悪い子どもは、運動遊びにおいても弱さが見られます。運動面で現われる不器用さと弱さを大別すると、つぎの5つになります。

❶**からだが硬い**……肩や背中、足首が硬い。肩や背中に力が入っていて硬い子どもがいます。上体を反らせたり、ブリッジをしたりが上手くできません。からだ全体の柔軟性に欠けるため、障害物を飛び越えたり、リズム運動をしたりする時なども、ぎくしゃくした硬さが見られます。つま先重心で歩いている子どもは、一見よく動き回っているように見えますが、からだの力を抜いて静止することが困難であるため、動いていた方が楽なのです。足首が硬くなっているので、両足飛び降りなどをやらせてみると、着地の際に大きな音を立てます。

❷**バランスが悪い**……左右差があり、手と足の協調性が悪い。手・腕と足の筋力や関節の柔軟性に、左右差のある子どもがいます。多少の左右差や利き手や利き足は誰にもあるのですが、極端な場合は支障が生じます。両足とびで左右の足が不揃いになる、

片足立ちや片足ケンケンがどちらか一方しかできない、逆立ちで左右均等に腕に力を入れることができないなど、運動が高度になるほど左右差が目立ってきます。幼児初期では、走る時に、片方の手しか振らないとか、まっすぐに走れないという子どももいます。また、手と足の協調運動が苦手な子どももいます。おなかをつけた「へそつきはいはい」（ワニさんのはいはい）などでは、床を片方の足でしか蹴らなかったり、手だけでからだを引き寄せて進もうとしたり、手と足の交差パターンがスッと出てきません。スキップをする際、右手・右足の両方を一緒に出す子どももいます。

❸**視空間のコントロールが悪い**……目と手の協応・目と足の協応動作が悪い。運動は空間と時間に支配される3次元の世界で行なわれます。運動には視知覚の働きと、つぎの運動を起こすまでの時間の予測が必要です。障害物を使った運動遊びやボール遊びが苦手な子どものなかには、視力には問題がなくても、運動と空間と時間の関係をうまくコントロールする力がうまく育っていない場合があります。

❹**ボディーイメージが悪い**……からだの動きの組み立て、動かし方がわからない。筋力や柔軟性に問題がなくても、自分のからだをどう動かせばいいのかイメージできない、運動の組み立てができない、手本通りに上手くいかないという子どももいます。マット運動やダンス（踊り）は、視知覚と認識と運動の時間的な組み立てによるものですから、高度な脳の働きを必要とします。

❺**運動のリズム感が悪い**……からだの動きのタイミングがつかめない。スキップや逆上がり、縄とびなどは、リズムやタイミングをつかめばできるものです。1つひとつの動きや筋力には問題がなくても、一連の動きとして組み合わせようとした時に上手くできない、タイミングや要領を得ない、くり返しが続かない子どもがいます。筋肉の緊張と弛緩のくり返しのリズムや動と静のリズムを覚え、筋感覚（筋肉や腱や関節からの刺激を受け止める感覚）をコントロールする力を育てることが必要です。

図42 手の働きの弱さ

からだを支える力が弱い
・はいはいの運動時に手首が内側あるいは外側に向く

手首が弱い・握力が弱い
・鉄棒の手首の返しが悪い。マット運動で手がつけない

利き手と補う手の働きの未発達
・左右別々の動きができない。利き手しか使わない

道具がうまく使えない
・ハサミ・箸・鉛筆が正しく使えない。目と手の協応動作が悪い

指先が不器用／触って知る働きが弱い
・工作や折り紙が苦手。特定の物の触感を嫌がる

42 手の働きの育ちが弱い子どもたち

●幼児期の手の働きの弱さ

　手を上手く動かすには、足腰が安定していて、両手を動かすのに適した姿勢と構えが無理なくできていなければなりません。手を器用に、合理的に使えるようになるためには、足腰・体幹・肩の発達が不可欠です。

❶からだを支える力が弱い……はいはいの運動時に手首が内側あるいは外側に向く。転んだ拍子に手を前に出してもからだや頭を支える力は働かず、顔を傷つけます。

❷手首が弱い・握力が弱い……鉄棒の手首の返しが悪い。マット運動で手がつけない。鉄棒にぶら下がったりその状態でからだを揺らしたりが苦手です。前回りをする時に上手く手首を返すことができずに棒を持ちかえる子どももいます。マット運動の前転をする時やとび箱の時に、両手指をしっかり開いてグッと力を入れてからだを支えることができません。

　手首の弱さは、近年の子どもの握力が低下と比例していることが報告されています。

　ぞうきんが絞れない子、重い荷物を持つと足腰がふらつく子、木登りや棒のぼりができない子、綱引きなどの力が弱い子など、肩の強さに支えられた手首の強さとしなやかさと握力の育ちが弱い子どもがたくさんいます。

❸利き手と補う手の働きの未発達……左右別々の動きができない。利き手しか使わない。たとえば、食事の時、箸を持つ手と茶碗を持つ手は別々の動きをします。しかし、食事中、片方の手を使わないで下げている子どもが目立ちます。

　ハサミで紙を線に沿って切る時などは、通常利き手にハサミを持ち、もう一方の手は紙を動かしながら刃が垂直に紙に当たるように調節していきますが、利き手を先導しその働きを補うべきもう一方の手が働いていない子どもがいます。

❹道具がうまく使えない……ハサミ・箸・鉛筆が正しく使えない。目と手の協応動作が悪い。箸や鉛筆の正しい持ち方ができない、ナイフで鉛筆が削れないという指摘がされて久しくなります。

　道具は使わないと、上手に使えるようにはなりません。

　子どもたちが家事を手伝うことが少なくなってきています。「危ないから」という理由で、子どもに刃物を使わせない家庭も少なくありません。

❺指先が不器用・触って知る働きが弱い……工作や折り紙が苦手。特定の物の触感を嫌がる。

図43 睡眠が足りないと

眠りと目覚めに関して
・朝6時頃起床、夜8時頃就寝ができない。寝つきが悪い。夜中に起きる睡眠リズムが整いにくい。
・機嫌良く一人で目覚められない
・睡眠時間が短い。昼寝をしない。午前中からボーっとしやすい

食事と排泄に関して
・朝食をあまり食べない。食が細い。ムラがある。過食。偏食など
・排便・排尿の自律が遅い。夜尿。頻尿。排尿の間隔が長すぎる。毎日排便しない。便秘。水をあまり飲まない。汗をかかないなど

情緒に関して
・かんしゃくやパニックを起こす。乱暴。イライラしやすい。すぐにカッとなる。落ち着きがない。集中できない。衝動的
・よく泣く。泣き止まない。切り替えが悪い。落ち込みやすい。興味をもちにくい。無表情。自傷行為。自慰行為。チック症。ひきこもる。場面緘黙（かんもく）
・場面適応・環境適応が悪い。しゃべり続ける。神経質。こだわる。気持ちの切り替えが悪い
・自分のペースを守りたがる
・目が合いにくい。なんとなく暗い感じ。笑顔が少ない。笑わないなど

はう運動をした時、指をしっかり開いて指先を前に向けて進むことができない子どもは、手指の働きにおいても不器用な子どもが多いように思われます。指先の器用さは、何度もやっているうちに身につきます。

43 気持ちよく起床できないのは睡眠に問題があるから

●**メラトニンとセロトニンの働き**

大脳の働きをサポートしたり仲立ちをしたりしている神経伝達物質やホルモンには、睡眠中に分泌されるものと日中に生成・蓄積されるものがあるとされますが、それぞれ脳の特定の場所から分泌されて血液中に放出されます。

たとえば、松果体（しょうかたい）で作られ、夜中の睡眠中に血液中に放出されるメラトニンは、セロトニンという神経伝達物質から合成されます。日中十分に光に当たっていると、夜中のメラトニン分泌量が増えるとされています。

朝、日光を浴びるとメラトニンの分泌が止まり、セロトニンの分泌が始まります。睡眠中に再生・補充された脳とからだをセロトニンなどの神経伝達物質が日中の活動モードに切り替えていくのです。

睡眠中に血液中に放出されたメラトニンは、日中長時間かけて消費・分解されていきますが、その一方で「睡眠物質」（ある特定の物質ではなく、さまざまな種類があるとされる）と呼ばれるものが脳内に溜まりだして、疲労を感じ、眠気を感じるようになります。睡眠をとるとこの睡眠物質が消えてなくなり、脳はふたたび活動に向かいます。

●**活動と睡眠のリズム**

このように昼間の活動と夜の眠りのどちらも大切で、活動と睡眠のリズムが生体のリズムに沿って規則正しくくり返されていると、脳とからだの働きがうまく育っていくのです。実際に、よく眠れた翌朝は気分も良く、からだも軽いものです。

睡眠不足になると、疲労が蓄積されて、日中の活動や運動にも積極的になれません。ボーっとして、やる気や集中力や記憶力なども低下しがちになります。

子どもが気持ちよく起床することができないというのはとても不健康な状態で、睡眠に問題があります。また、寝つきが悪いというのは、日中の間の活動量が不十分であったり、ストレスを抱えていていたりすることが原因と考えられます。

図44 睡眠障害を伴うCCFS

下のグラフ
CCFS＝小児慢性疲労症候群による不登校状態：体温の変動が少なく、ホルモンの分泌時間もズレている

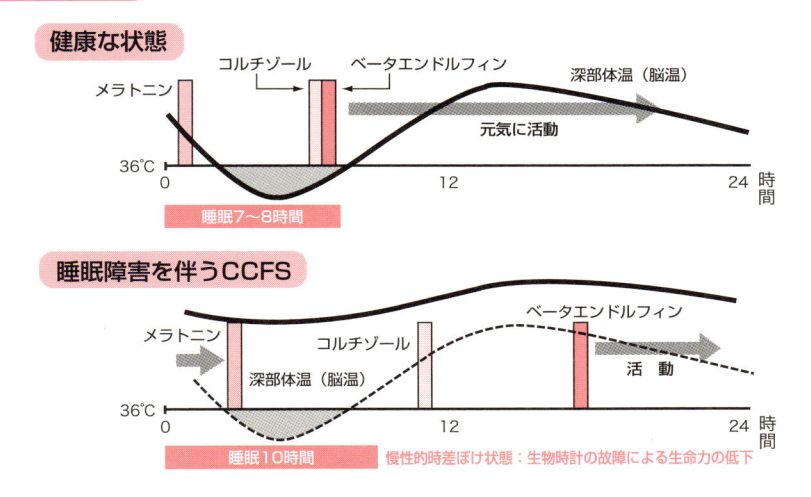

健康な状態
（メラトニン／コルチゾール／ベータエンドルフィン／深部体温（脳温）／元気に活動／36℃／睡眠7〜8時間／0・12・24時間）

睡眠障害を伴うCCFS
（メラトニン／深部体温（脳温）／コルチゾール／ベータエンドルフィン／活動／36℃／睡眠10時間／慢性的時差ぼけ状態：生物時計の故障による生命力の低下／0・12・24時間）

『不登校（睡眠欠乏と過眠）』三池輝久
（兵庫県立総合リハビリセンター中央病院 子どもの健康と発達療育センター）より

44 睡眠リズムと体温リズムが乱れている子どもたち

●慢性疲労症候群という疾患

1984年、アメリカで「慢性疲労症候群」という新しい疾患概念が発表されました。脳機能低下、睡眠障害、ウイルス再活性化や自己抗体出現などの免疫異常、エネルギー生産性低下などを伴う症候群で、多くの点で「不登校」と共通の病態をもつことが報告されています。そのため慢性疲労症候群の診断基準に当てはまる不登校状態を「小児慢性疲労症候群」（Childhood Chronic Fatigue Syndrome:CCFS）と呼んでいます。

●時差ぼけ同様の状態

図44を見てください。朝起きることができない状態、保育所や学校などに行きしぶっている状態は、朝起きた時、まだ脳とからだがしっかりと目覚めておらず、活動に向けての準備が整っていないことを示したものです。深部体温、自律神経、活動ホルモンの分泌量などが健康な状態より遅れていて、時差ぼけ同様の状態といってもよいでしょう。

一日を通して体温の変動が少なく、メラトニン、コルチゾール、ベータエンドルフィンの分泌時刻が後ろにずれてしまっています。午前中後半になってからやっと準備が整ってきますから、午後からやっと元気になるパターンです。また、長時間寝ているにもかかわらず、コルチゾールやベータエンドルフィンが遅れて分泌されるので、気力が充実したすっきりした目覚めにはなりません。おそらく日中の活動量も少なく、夜間は光や音のストレスにさらされているため、就寝時間が遅くなったり、眠りが浅くなったりしやすくなるだろうと考えられます。こうした生活のくり返しでは、ますます体内時計の狂いが生じます。

●体温のリズム

体温のリズムもまた、睡眠のリズム、ホルモンのリズムと関連しています。体温は、明け方に低く、未明に分泌するコルチゾールなどの働きによって起床すると上昇します。睡眠中、松果体で作られたメラトニンが、視交叉上核にあるメラトニン受容体に結合すると、体温を下げるしくみになっていることが確認されています。睡眠のリズムが乱れると、体温リズムも乱れてしまい、午前中にボーッとしたり、疲れやすかったりという影響が現われます。

図45 成長ホルモンの分泌

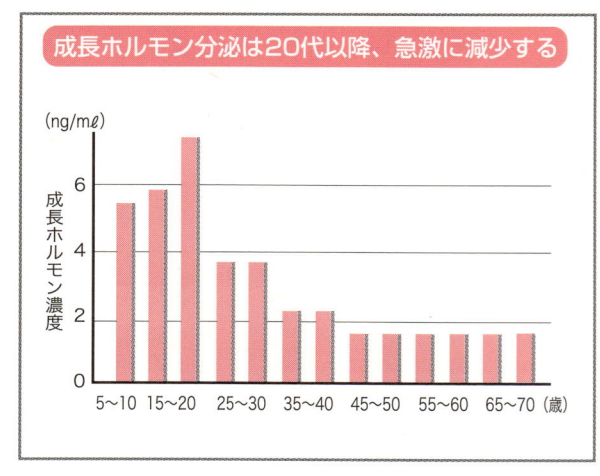

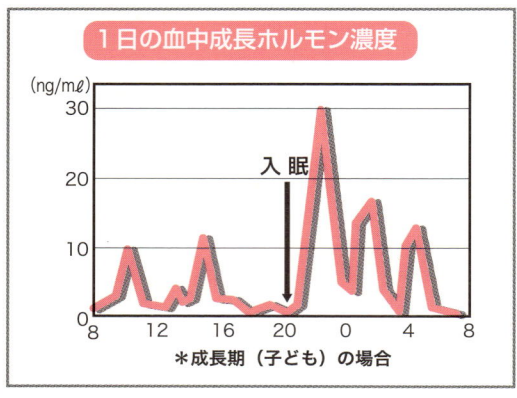

成長ホルモン分泌は20代以降、急激に減少する

（左図：年齢別の成長ホルモン濃度のグラフ、5〜10歳、15〜20歳、25〜30歳、35〜40歳、45〜50歳、55〜60歳、65〜70歳）

1日の血中成長ホルモン濃度

（右図：1日の血中成長ホルモン濃度のグラフ、入眠の矢印あり）
＊成長期（子ども）の場合

【左図】「抗加齢医学入門」（慶應義塾大学出版会）より
【右図】web週刊とやま　元気家族HPより

45 成長ホルモンは子育てホルモン

●成長ホルモンの働き

　生後4カ月くらいから成長ホルモンが集中的に分泌されるようになりますが、昼間の活動量が増加して、夜の眠りが深くなるにつれて、さらに成長ホルモンの分泌量が増加していきます。4〜6歳になると、成人と同様、ノンレム睡眠（第3段階・第4段階の眠り）が出現し、さらにたくさんの成長ホルモンが分泌されるようになります（図09参照）。

　成長ホルモンは、骨や筋肉を作るホルモンで、からだの成長発達には欠かせないものです。子どもに不可欠ですが、成長ホルモンは疲労回復のための細胞の修復や再生を促すので大人にとっても重要です。しかし、図45に示すように、20代前半をピークに、その後は加齢と共にその分泌量は減少していくとされています。

●成長ホルモンの分泌

　①成長ホルモンの分泌量は、昼間の運動量が多いとたくさん分泌され、運動が少ないと減ることがわかっています。運動量が成長ホルモンの分泌量を左右するのです。また、昼間の運動は、適度な疲労感を与え寝つきが良くなったり、深い睡眠に誘う手助けになります。深い睡眠が出現しないと、成長ホルモンの分泌も妨げられますから、早寝で夜の寝つきがいいことや、寝ついたら朝までぐっすり眠れるような睡眠のリズムに育てていくことが大切です。

　②夜寝る前に、激しく叱られると、子どもは強いストレスを感じ、体内ではアドレナリンというホルモンが分泌され興奮状態に陥ります。このような状態は、寝つきが悪くなって睡眠の妨げになりますし、また食事の前であれば食欲の妨げになります。子どもを叱りながら、寝かせたり食事をさせたりするのは厳禁です。笑顔で「おやすみなさい」と声をかけてください。

　③寝る前に食事をとると睡眠時の成長ホルモンの分泌が悪くなるという報告もあります。成長ホルモンが十分に分泌されるためには、血糖値がある程度下がる必要があるようなのです。また、夜間は、消化吸収のためのホルモンであるインスリンやグルカゴンやコルチゾールの分泌量が減っているので、肥満の原因になるといわれています。寝る前の飲食は避けましょう。

　④寝る前にテレビを見たり、テレビゲームをしたりすると不必要な光を視神経に与え、脳を興奮させてしまいます。脳は強い興奮やストレスを感じると、すぐには入眠できません。寝る前のテレビの視聴やゲームなどは控えましょう。

図46 大脳の模式図

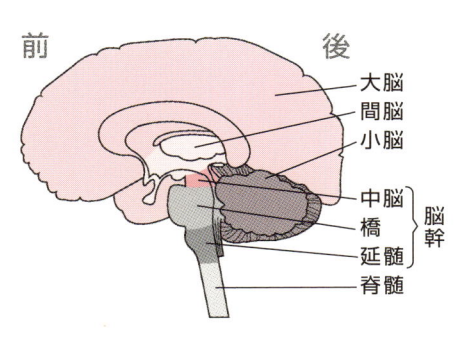

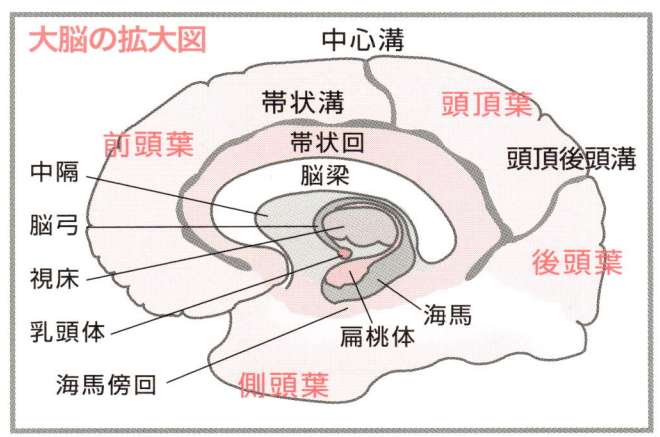

大脳の拡大図

前／後
大脳／間脳／小脳／中脳／橋／延髄／脊髄／脳幹

中心溝／帯状溝／帯状回／脳梁／頭頂葉／頭頂後頭溝／後頭葉／海馬／扁桃体／側頭葉／海馬傍回／乳頭体／視床／脳弓／中隔／前頭葉

Web Smart life Guidance　用語辞典より引用

46 睡眠不足では情緒が不安定になる

●睡眠不足の弊害

「睡眠不足になると、大脳辺縁系の一部に属している情緒を担当する扁桃体が異常に興奮していて、論理的思考や判断を司る前頭葉の連絡が遮断された状態になっている」という報告がアメリカの心理学者から出ているそうです。また、十分な睡眠をとることによって記憶力が強化されるという研究報告もあります。これらはまだ仮説のようですが、毎日の生活の中で、睡眠不足が情緒や思考・判断・記憶に悪影響を与えることを実感しています。

乳幼児期に早寝早起きの睡眠リズムが身につかず、睡眠不足や質の悪い睡眠をくり返している子どもには、からだの発達や情緒に弱さをもちやすいことも経験的に知っています。

●目覚めている脳と休息している脳

睡眠は脳の働きとして起こる現象ですが、脳が全部眠ってしまうと、脳の支配下にある各部位の働きが止まってしまい、死んでしまいます。そこで、睡眠中も目覚めている脳と休息している脳を並列させるしくみができ上がってきたのです。

睡眠中は、系統発生および個体発生のうえでもっとも新しい大脳を主として休息させることで脳の働きを維持する一方、脳が少し働いている状態を保ちながらその支配下にある各部の働きをコントロールするしくみがあるため、レム睡眠、ノンレム睡眠の状態が現われます。

●睡眠物質の多様な働き

睡眠は睡眠物質によってもコントロールされています。脳内あるいは体液内に出現して睡眠を引き起こしたり、維持させる睡眠物質は、脳細胞の活動を広範囲にわたる影響を及ぼしていると考えられています。

たとえば、睡眠物質のウリジンは脳細胞（ニューロン）の働きを回復させたり新生させたりすることで、新規情報の消去に貢献しているといわれています。また、酸化型グルタチオンは、脳細胞の過剰な活動によって生じる活性酸素を分解して、細胞膜の傷害や細胞死を防ぐとともに、過度の学習および記憶を抑制することにも貢献しているらしいこともわかってきています。

●眠気は注意信号

睡眠不足で疲れがたまっている時、あるいは退屈でストレスを感じる時などには強い眠気を感じます。これは脳の働きがきちんと修復されていないという信号と考えることができます。

夜間の睡眠によって、脳が修復されていないと、

図47 ことばの発達の問題

発話力の育ちの遅れ
- 奇声を発する。語彙が少ない。発音不明瞭。抑揚のないことば。力んで話をする。文脈として表現ができない。ことばによる表現力が弱い、幼い

対話力の育ちの遅れ
- オウム返し。場面と関係ないことばが多い。一方的にしゃべる。しゃべり続ける
- 人とのコミュニケーションが下手（場や間や空気が読めない）

内言（内的言語）の育ちの遅れ
- やって良いことと悪いことの判断ができない。あいまい。何かこまった事があるとすぐ人のせいにする。言い訳が多い。ことばと行動が一致しない。独り言が多い

その他のことばの問題
- どもる。構音障害。人前で話ができない。場面緘黙（かんもく）。ことばに感情表現が伴わない
- 多弁だが、実体験を伴わない理屈や屁理屈が多い

中脳、視床下部、扁桃体、前頭葉の働きが低下し、それが眠気という危険信号となって生体に注意を促すのです。眠い子や疲れている子どもに何をいってもぐずぐずするばかりで無駄です。まずは眠らせることが先決です。

47 ことばの発達を子どもの「育ちの総合力」ととらえる

●ことばは育ちの総合力

10〜20年前は、子どもは1歳を過ぎたころから歩き始め、その頃から急激にことばを覚えるようになるというのが、当たり前の発達のテンポでした。しかし、近頃では、1歳半を過ぎても声は出すが、はっきりと聞き取れることばがいえないとか、「パパ」「ママ」はいえるが、その他に言えることばがなかなか増えないという子どもが多いのです。この現象は単に発話の始まりが遅いだけで、ことばを話し始めればその後は問題なく発達し、一時的なことばの遅れは問題ないと言い切れるでしょうか。

ことばは子どもの発達の状態を表わす「育ちの総合力」ですから、言語発達を観察していくと子どもの精神面・行動面における発達の状態が見えてきます。話すようになってからも、その表現の仕方はどうか、人とのコミュニケーションはどうか、認識や行動にどう影響を与えているかなどを観察し、ていねいに検討してみる必要があると感じています。

●幼児期のことばの発達の弱さ

図47を見てください。ここにあげた特徴の多くは、社会性や情緒の発達の問題として取り上げられることが多いものです。ことばは、それ自体が社会性やその時々の情緒や認識を反映しているものですから、それぞれをどういった観点でとらえ、分析していくかによって違いが出てきます。私は、ことばを文脈として使い、人と話ができるようになっていく過程だけでなく、それ以降も、表出言語をより豊かに発達させていくことが大切だと考えています。

●言語発達を広義にとらえる

加えて、自我を拡大させながら自分の行動をコントロールしていく内的言語の働きの発達を含めて、言語発達を広義にとらえたいと考えています。ことばの働きは最高度に発達をした大脳の前頭葉の発達に支えられ、現代の脳科学の研究によれば、前頭葉の働きは一生を通じて変化しながら発達していく可能性があるといわれています。言語発達を広義にとらえる方が、より構造的で科学に基づいた分析に近づく発達のとらえ方だと考えています。

図48 ことばの３大機能

象徴（命名）機能	コミュニケーション機能	内的言語（内言）の自己統制機能
ものには名前がある ことばの概念化 思考や認識の手段	相手と対話（交流） 自己表現 集団との対話	自己との対話 行動のコントロール

48 内的言語の発達が遅れている子ども

●発話・会話の条件

ことばは、その時々の子どもの気持ちや思考を表わしますが、それだけに止まらず、経験や認識力、運動性・行為性・感情性・創造性など、その子どもの発達の状態も示しています。発話が遅いのは、発話に必要な条件（93ページ参照）がまだ十分に整っていないことを意味しますし、仲間集団の中で会話ができない状態は、コミュニケーション能力や内的言語（内言）がまだ発達していないことを示しています。

●ことばの３つの働き

私たちが普段何げなく使っていることばには、つぎにあげる３つの働きがあります（図48参照）。

❶**象徴（命名）機能**……物事にはすべて名前があり、概念化されたことばによって認識し、思考する。

❷**コミュニケーション機能**……その場に応じて適切に自己表現をしながら対話し、人間関係を築いていく。

❸**内的言語（内言）による自己統制機能**……自分自身にいい聞かせたり問いかけたりしながら、考えをまとめ、自分のとるべき行動を判断してコントロールする。

ことばの働きは、ことばを話し始めるのと同時に初めからこの３つの機能を備えているわけではありません。カタコトのことばから少しずつことば数を増やしていき、単語を並べていただけのことばに助詞が入り文章になっていくなかで、１つ目、２つ目、３つ目と順を追ってその働きが育っていきます。

おおむね、象徴（命名）機能による思考や認識の手段としての働きは１歳頃から、コミュニケーションの働き＝「対話」は３歳頃から、内的言語による自己統制の働きは、４歳後半から５～６歳にかけて育ち始めるといってよいでしょう。ことばは、ただ単に話せればいいということではありません。いつ・どこで・誰に・どんな内容をどんなふうに自分のことばで表現して、相手あるいは自分のとるべき行動に生かしているかが大切です。表面に現われてきた発話としてのことばのみを評価するのではなく、これらのことばのもつ３つの機能がそれぞれに、また相互にどう関連して育っているかを見直してみましょう。

図49 何のための認識力か

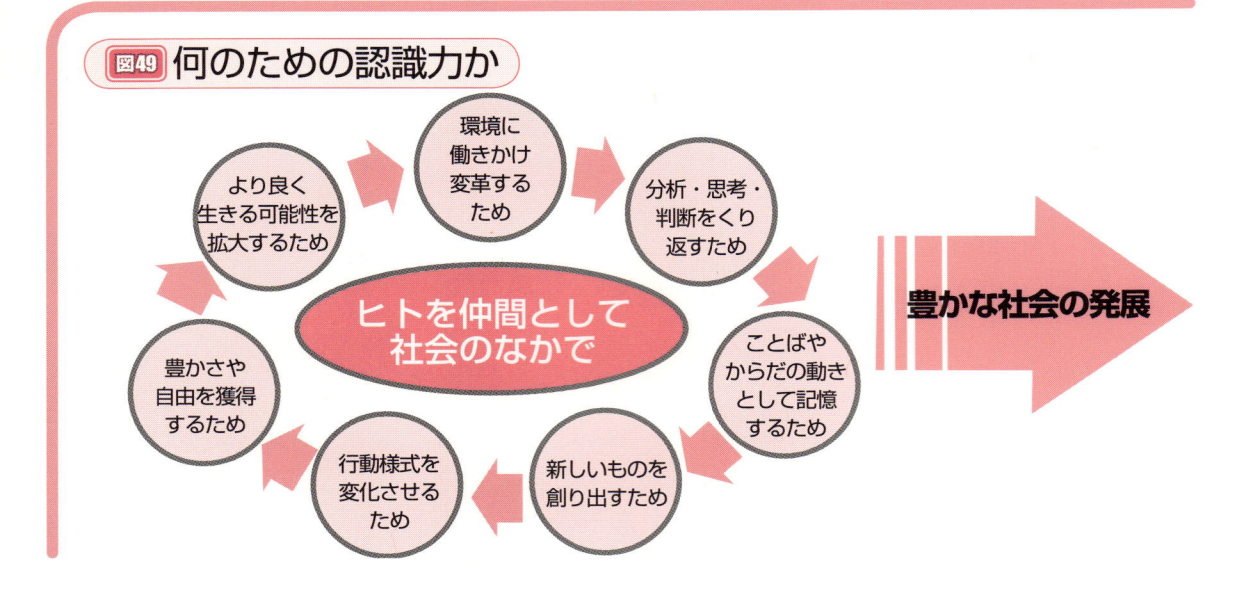

- ヒトを仲間として社会のなかで
  - より良く生きる可能性を拡大するため
  - 環境に働きかけ変革するため
  - 分析・思考・判断をくり返すため
  - ことばやからだの動きとして記憶するため
  - 新しいものを創り出すため
  - 行動様式を変化させるため
  - 豊かさや自由を獲得するため

→ 豊かな社会の発展

49 ことばや認識力の発達が大切

●知的精神活動は自由を獲得する力

　知的精神活動は、人類が豊かさや自由を拡大していくために、社会生活を営みながら獲得してきた能力です。

　人類は自然環境に働きかけ、生存環境をよりよく変革するために、分析・判断・行動をくり返し、それをことばやからだの動きとして記憶し、知識として体系づけ、新しい方法を創り出し、必要に応じて行動様式を変化させてきました。この知的精神活動は、ことばによって担われ、文化・社会の発展とともに形成されてきたと言っても過言ではないでしょう。

●ことばや認識力の発達を考える視点

　ことばや認識力は、社会を形成する集団の中で、仲間との共同関係の中で発達してきました。このような観点に立って、子どものことばや認識力の発達を考える時、「ことばが話せる」ことや「知識をもつ」こと自体が目的ではなく、「獲得したことばや得た知識を使ってどのように行動に現わしているのか」、その行動は人間としての豊かさや幸福を追求するものであるのかを検討することがもっとも重要なことだと思います。子育てという社会的営みが未来の人間像を描きながら行なわれることが望ましいのです。

●早期教育・超早期教育の弊害

　いま、「知育重視」「創造力を育てる」といったキャッチフレーズを掲げた「乳幼児向け教室」「幼児教室」「親子教室」がいたるところにあります。胎児期・乳児期あるいは幼児初期向けにさまざまな知育教材が販売されています。

　子どもが好きなキャラクターが登場して、なぞなぞやゲーム感覚でことばや数、文字、外国語の学習を案内しています。画面上の疑似体験で、正解すれば「ピンポーン！」、不正解なら「ブッブー！」と、認識学習を○×の二者択一の世界として広めています。

　それらのすべてを否定する訳ではありませんが、いま一度内容を見直してみる必要があるのではないでしょうか。ことばを正しく理解し覚えるということは、ことばによって事物を概念化していくことですから、ことばの豊かさは、認識力をいっそう深めていくことへとつながらなければなりません。

●経験に基づいたことば

　私たちは、経験に基づいた楽しく有意義なことばを子どもと交わしているでしょうか。家族だんらんのひとときのことばのやりとりが、家族のそれぞれ

図50 2つの遊び

本来のごっこ遊び
・大人の姿・行動や大人社会へのあこがれ、大人の真似をする
・生活の中での経験に基づきながら、共通のイメージをもって遊ぶ
・さまざまな役割を工夫できる

→ 子どもの遊び文化・生活文化の豊かさへ発展

キャラクターのヒーローごっこ
・戦いごっこが多くなる
・ことば使いや動きが同じことの繰り返しになりやすい
・キャラクター商品に依存しやすい

→ イメージが単一化して遊びが広がらない

に安心感や勇気を与え、明日の活力となっているでしょうか。今日学んだことは、明日からの生活にどのように生かされていくのでしょうか。「役に立ってこその知識」「豊かさや幸福感を感じてこその人との交流」ではないかと思います。

50 キャラクターごっこは望ましい遊び？

●テレビの力

　テレビ、テレビゲームなどの機械的刺激には注意が必要です。とくにCMやキャラクター番組は、何度もくり返すことによって強く印象に残るように演出されており、子どもたちに強烈な印象を与えます。まだことばを話さない乳児でもじっと画面に見入ることがあり、やっと片言をしゃべるようになった1歳児でもCMソングやキャラクターの決めぜりふを口にすることができるのです。

●一方的送りつけ

　以前あるアニメ番組を見ていた子どもが光刺激を受けててんかん発作（ある種の光刺激に対して脳が強い興奮状態になりけいれんを伴ったり、一時的に意識を失ったりする）を起こしたケースがありました。脳の発達が未熟な幼い子どもには、強い光や音や振動などの刺激をできるだけ避けたいものです。

　テレビからのメッセージは一方的に送り続けられ、送り手にメッセージを返すことができません。一方通行で、直接の対話がありません。子どもが対話能力を獲得するためには向かい合った人とことばや表情、態度で直接やりとりする体験の積み重ねが不可欠です。テレビなどの疑似体験では印象だけが先行して、事物の本質や価値についての実感がもてないのです。送られてくる情報についてその因果関係を整理して論理的に考えたり、ものごとの善悪・倫理などについて判断したりできない子どもにとって、音と光の画像情報はその印象だけが羅列した形で次々と記憶していくことになります。

●本来のごっこ遊び

　子どものごっこ遊びは、ままごと・お店屋さんごっこ・乗り物ごっこ・お医者さんごっこなどたくさんありますが、本来、大人社会へのあこがれ、つまり「お母さんのようにしてみたい」とか「お父さんのようになりたい」という気持ちから、大人の行動を真似をして遊ぶことが始まりだといわれています。本来のごっこ遊びには、必ず、それぞれの子どもが、生活のなかでの経験に基づくイメージをもっており、仲間とごっこ遊びをしながらさらに共通のイメージ

図51 軽度発達障害＊

＊社会生活に不適応を示す状態

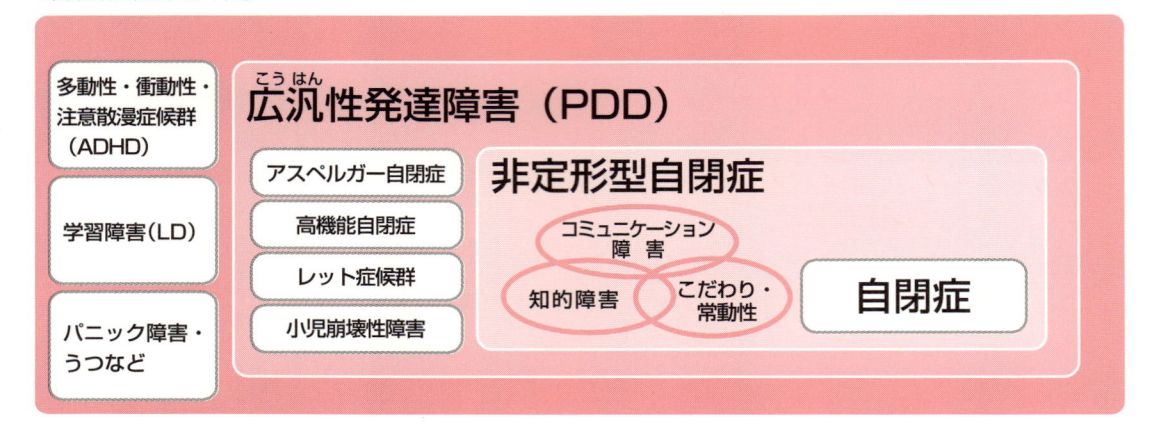

- 多動性・衝動性・注意散漫症候群（ADHD）
- 学習障害（LD）
- パニック障害・うつなど

広汎性発達障害（PDD）
- アスペルガー自閉症
- 高機能自閉症
- レット症候群
- 小児崩壊性障害

非定形型自閉症
- コミュニケーション障害
- 知的障害
- こだわり・常動性

自閉症

を共有して、互いの想像力を働かせて遊びを発展させていきます。

● 「戦いごっこ」のへい害

それに対して、テレビのヒーローキャラクターが正義の味方になって悪物を倒すという「戦いごっこ」はどうでしょう。ヒーローのカッコイイ派手なアクションと決まり文句、それと対照的な悪物は、必ず徹底的にやっつけられます。正義や強いものにひかれる子どもは、ヒーローになりたがるに決まっています。ヒーローをまねた戦いごっこには、服従と命令はあっても、仲間とのコミュニケーションの豊かさはあまり見られません。戦うことが中心になってしまい、役割を分担したり想像力を働かせながら遊び方を工夫したりする場面が少なくなりがちです。

51 軽度障害を疑わせる子どもたちが増加している

● 支援を必要とする子どもたち

統合保育を熱心に行なっている神奈川にある公立保育園と学習会をしたことがありますが、なんとその保育園の年長組20数名のうち5名が障害児か特別支援を必要としているというのです。5人の子どもの内訳は、視覚障害児1名、広汎性発達障害児1名、肢体不自由と知的障害を併せもっている子ども1名、診断はされていないが特別支援が必要な子ども2名でした。担任と障害児担当の保育士がその子どもたちの保育にあたっていました。

日めくりにこだわりのある子どもに対して、最初は大半の子どもが「○○ちゃんだけやってずるい……」と不満をもらしていましたが、ある子が「そんなにしたいならやらせてあげればいいじゃない」とつぶやいたのをきっかけに、それぞれが自分のやりたいことをするという役割分担を位置づけることによって、子どもたちの不満を解決した報告がされました。また、肢体不自由と知的障害を併せもっている子どもに対しては最初、子どもたちは赤ちゃん扱いで世話をしていましたが、2、3人の友だち関係ができると、その子たちが「△△ちゃんも○○がしたいみたいだよ。自分でやりたいみたいだよ」と気づき、やがてみんなが見守り、応援する姿が見られるようになったといいます。

● 発達を理論的に裏付けする

私には、保育士たちがあの子この子と配慮しながら、現場で知恵を出し合いながら奔走している姿が想像できます。日々の努力には頭の下がる思いですが、実践報告を受けた後、私はつぎの2点を助言しました。

図52 脳の働き

大脳前頭葉・前頭前野の働き	視床下部の働き	中脳の働き
言語性	意欲(欲求)の中枢	情緒の源
行為性	体内時計(睡眠と覚醒)	注視・目と手の協応
創造性	自律神経の働き	刺激に対する反応
感情性	情緒の中枢	姿勢反射と運動
社会性	ホルモン分泌の指令	覚醒レベルの調節
自我のコントロール		

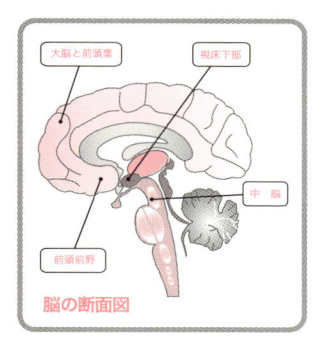

脳の断面図

『アニメーションで見るビジュアル生理学』Since March 2001より

　1つ目は、統合保育をする際には、障害をもつ子と障害がない子の両方がそれぞれの発達課題を持っていて、その発達課題をどのように達成していくか、発達論をふまえた実践が大切であること。

　2つ目は、集団の中で子どもの育ちを見ていく時に、個々のことばの発達と自律性（できることを増やしながら、自分でできることは自分で行なう力の育ち）と自立性（集団の中で、自分の役割を自覚して自分のやるべきことを行ないながら、仲間と一緒に育ち合っていく力の育ち）の発達をみていく必要があること。

　つまり、実践を通して感じたことを体験の段階に止めず、発達理論で裏付けしていくことが重要だということです。

● 障害を科学的に客観視する方法を探る

　どこの保育園にも、障害児や発達に弱さや遅れを持つ子どもたちが１クラスに１、２人はいます。障害の程度が軽いほど、発達課題が見えにくく、「気になるけれども、集団の刺激を受けながらその子なりには成長していっているから大丈夫だろう」とか、「○○の場合の対処の仕方は……」という、発達論や科学性を欠いた話ばかりがくり返されてしまいがちです。社会性や環境に適応する力などの発達を現象的に取り上げることが多く、発達論の視点に立った分析が不足しているのではないかと思います。

52 軽度障害と脳の働きの未発達

● さまざまな発達障害をかかえる子どもたち

　「まわりの子どもと比べると、何かが違うところがある」「集団のなかでなじめず、浮いた感じがする」「ちょっとしたことで頑固になってトラブルになる」「自閉症」とも言い難いがどこか育ちが気になる、そんな子どもたちは「広汎性発達障害」と診断される場合が多いようです。また、多動や衝動性、注意散漫さでトラブルが絶えない「多動性／注意散漫症候群」（ADHD）といわれている子どもや、ほかの能力には問題はないのに読み書き計算などある分野に限り極端にその能力が劣る「学習障害」（LD）といわれている子どももいます。

　これらは症状による分類法なので、実際は２つ以上の症状を併せもっていて、どちらかというと○○の症状が際立っているからと、診断名がつけられることもあります。そもそも「広汎性発達障害」という診断名も、「自閉症」の特徴が薄まったような形あるいは部分的に似ている症状をもった形で現われ

るので、その延長線上にある症候群として命名されたものです（図51参照）。

　何らかの形で社会生活に不適応な状態を示す、総じて「軽度発達障害」と診断される子どもは、6〜7％とも、10〜12％ともいわれていますが、実際保育現場でも増加している実感があります。

●広汎性発達障害の原因

　広汎性発達障害の原因は、先天的な脳の機能障害あるいは中枢神経系の成熟に関係する問題と考えられていますが、まだ仮説の段階です。現在の段階で考えられている説には、以下のようなものがあります。

- 脳内の神経伝達物質であるセロトニンやドーパミンの分泌が少ない
- 扁桃体とその周辺の神経回路の未発達
- 中脳 - 視床下部 - 視床 - 大脳への神経回路の未発達
- 中脳 - 小脳の神経回路の未発達
- 大脳前頭葉前頭前野の未発達
- 遺伝的要素

●規則正しい生活で脳の発達をうながす

　仮説であっても脳の働きが未発達な状態であることは明らかですので、脳を強く育てていくとりくみはとても重要です。脳が急激に発達する乳幼児期は、その分、未成熟や働きにくさなどのトラブルも起こりやすく、だからこそ、睡眠・食事・運動が生体の生活リズムに沿ったものであることが望まれるのです。「命を守り育てる脳」（図04参照）に属する中脳と視床下部の働きの重要性を考え、それらの脳の働きをよりよく育てていったなら、障害を軽くしていくことができるのではないかと考えられます。

図53 脳の働きを低下させるストレス

■身体的ストレス刺激
- ◆つねられたり、たたかれたりの体罰
- ◆TV・CDなどの機械的刺激の過剰
- ◆睡眠のリズムの乱れ
- ◆食事のリズムの乱れ
- ◆運動に関しての欲求不満
- ◆からだの病気・けがなど
- ◆さまざまな身体的欲求不満

■精神的ストレス刺激
- ◆大人の口うるささ、大人の喧嘩
- ◆遊べない、遊んでもらえない寂しさや孤独感・疎外感など
- ◆急激な環境の変化
- ◆大人の過保護、過放任、過干渉、過期待、過管理、愛情の不足
- ◆さまざまな精神的欲求不満　自己肯定観の喪失、不安感、自信のなさ

53 脳の働きを低下させるストレス刺激

●楽しい遊びが発達障害に有効

集団生活においてコミュニケーション能力や情緒が不安定で適応力に弱さを示す「軽度障害」と考えられている子どもに対しては、生体の生活リズムを守り育てることを重視します。とりわけ人との関係で、楽しい・うれしい・ほっとする・満足する活動が大切です。

楽しい活動をすると、脳幹網様体のA10神経からドーパミンというホルモンが分泌されます（図29参照）。また、楽しみながら夢中になってがんばっている時には、A6神経からはノルアドレナリンというホルモンが分泌されます。そして、昼と夜の規則正しい生活は、セロトニンが分泌され、情緒を安定させていきます。これらのホルモンは、大脳の前頭葉に直接働きかけて、その働きを活発にします。

毎日が大人と子どもの間に笑顔や笑い声があふれていることが大切です。親しい大人の笑顔は子どもに安心感を与えますし、楽しい活動は最大のストレス解消となるからです。

とかく発達の遅れや障害をもっている子どもに対して、大人は「練習」「訓練」的な考えや態度で接しがちです。活動に訓練や練習の要素があったとしても、子どもにとってはあくまでも「遊び」である

ことが望ましいのです。できることをくり返しているうちに、ちょっとした変化が生じてきます。その変化を一緒に楽しむのです。こうした変化の積み重ねが、大きな変化を生み、発達的変化になっていきます。

●刺激に対する強い感受性

脳細胞の神経突起の発達と、神経細胞間の連絡（シナプスのネットワーク化）について弱さや偏りがあると思われる「軽度障害」「広汎性発達障害」「自閉症」といわれる子どもは、ある種の刺激に対して非常に強い感受性をもっているといわれています。ですから、テレビなどの視聴覚機器の機械的刺激も、ストレスを感じながらもそれを受け入れていくことができる側面ももっています。

しかし、あくまでも実感のないイメージや感覚を一方的に受け止めているにすぎません。機械的な刺激ほど強くなくても、実物を単純化・符号化した絵カード、文字カード、写真についても、同じことがいえるのではないでしょうか。日常生活を送るためにお互いのサインを確認し合う絵カードや写真類と、ことばの3大機能のなかで示したコミュニケーション能力の獲得（図48参照）とは区別した方がいいと思います。

図54 子どもの問題行動にひそんでいるもの

目指すべき姿（明日の自分）

↑

成長過程の自己矛盾と向かい合っている姿

身体的・精神的ストレス反応	自己表現力の未熟さの現われ	自律性の未熟さの現われ	自立性の未熟さの現われ
・生体の生活リズムの乱れ ・大人に遊んでもらえない孤独感・不満感	・ことばの働き（象徴機能・コミュニケーション機能・内言の未発達） ・自信・自己肯定感の不足	・一人でできることや判断できることが少ない ・生活リズムや身辺処理が自律していない	・集団と向かい合う力の未発達 ・子ども集団で起きるトラブルに対する自治力の未発達

→ **自信や自己肯定感を失う子ども**

ことばの象徴機能を使って思考していく過程を省いてしまったコミュニケーションは、本来の姿とはいえないのです。物事を理解するためには、人との関係のなかで経験をたくさん積み重ねながら意味づけをしていくことが極めて大切です。

54 子どもの問題行動を見極める

●防御的ストレス反応と受動的ストレス反応

ストレス刺激が加わった時、からだは２つの方法のうちのいずれかを選びます。１つは、ストレス刺激と戦う姿勢を見せる「防御的ストレス反応」（威嚇、攻撃、怒り、あるいは逃走など）で、もう１つは、ストレス刺激に従属する形をとる「受動的ストレス反応」（じっと動かなくなる、眠る、行動意欲の低下、食欲や探索行動の低下など）です。どちらの方法をとるのかは、その人の経験や肉体的・精神的強さにもよりますが、過大なストレス刺激やストレスの対応不可能と判断した場合には、「受動的ストレス反応」を示す傾向があります。

●問題行動を見極める

子どもの問題行動が、発達の過程でよく現われる一時的なものなら心配はいりません。子どもが大きな発達課題を乗り越えようする時は、新たな力を身につけなければならず、さまざまな葛藤や矛盾が起きることがあります。そうした際に、一時的にストレス反応として問題行動を生じさせたり、情緒の働きが不安定になったりすることもあります。その場合には、大人は子どもを見守りながら楽しい生活を心がけていくと、やがて子どもは自らの力で問題を克服していきます。

しかし、子どもがいつまでも問題行動を残したままであるとか、問題が大きくなってきた場合は要注意で、何らかの配慮が必要になってきます。図54に示したように、ストレス反応やことばなどを通して集団の中で自己を実現していく力が弱かったり、自律性と自立性（図75参照）の育ちが未熟であったりすると、放置しておくと問題が解決されないだけでなく、子どもの成長・発達にも遅れを生じさせることがあります。

そうした場合には、ストレスとなる原因をとり除いてやることが大切ですし、未熟な状態（未発達）は、大人がよりていねいな援助をしながら育てていかなければなりません。発達の遅れは、自信や自己肯定感を失わせ、そのことでさらに集団に不適応な状態が増幅されます。

● 問題行動の原因

ここ10年間、保育・教育の現場では、「すぐにキレル子ども」「軽度障害」の子どもたちへの対応が大きな課題になってきています。育ちの弱さや問題行動は、親のしつけや子どもが育った家庭環境が問題発生の第一原因であるかのように取り上げられますが、むしろそれらは、問題発生のきっかけや背景の一端であって、根本的原因は他にあると考えられます。「命を守り育てる脳＝脳幹部・間脳・大脳辺縁系」を中心とする脳の働きの弱さや未熟さからくる、こころとからだの発達の弱さや未熟さが考えられます。あるいはまた、大人も子どもも、楽しさやゆとりの少ない日々の生活からくるストレス反応であることが、主な原因ではないかと考えられます。いまの生活や社会のあり方に対して、子どもたちは自らのこころとからだで危機的状態を発信しているのだと考えられないでしょうか。

● できない以前ができること

河添邦俊先生は「できない以前ができること」ということばを残しています。人間は生きている以上、一人ひとりが「できること」を行なって生きています。そして、できること、わかることを増やしながらよりよく生きていこうとする力をもっています。ですから、「今できること」をくり返して充実させていくと、そこに余裕が生まれて、次のステップや新しい課題に挑戦していく足がかりをつくることができるようになります。自分の「できる」ことを自覚し、またそれを他の人からも認められているとき、自己価値や自己肯定感をもつことができます。すると、安心感をもって、つぎに何をすべきか、何をしたいのかを決定できます。子どもの成長にとって大切なことは、問題を生じさせないことではなく、ましてや正しい答えをすぐに出すことでもありません。人と協力することも含めて、問題解決の糸口を自分で見つけだしていく力を身につけることが、生きるうえでもっとも大切なことです。

園長便り❷ **どの子も生き生きとした毎日を**

　2008年度からあそびの杜保育園の園長を務めることになりました。と言っても、何かが大きく変わったわけではなく、「ムーミン」の子どもも、「あそびの杜」の子どもも、そして職員のみんなにも、今までと変わらず、私は私を必要としているところに出向いていくというスタイルでこの1年を過ごしました。「ムーミン」の隣に「あそびの杜」ができてから3年経ちますが、この間つくづく思うことがあります。すぐ隣に同じような立場と責任をもった仲間がいて、何か問題を解決しなければならない時や次の課題に取り組む時には、それぞれの園の園長・主任・担任同士が話し合っていくことによって、それぞれの立場の者が孤立することがないということです。助け合える関係にいつでもいるということは本当に心強いものです。それは子どもたちに対しても言えることで、ひとりの子どもの成長・発達について、何人もの大人が子どもと関わり、検討していくことができるということです。その分、時間も手間もかかりますが、子どもの育ちが豊かになっていきます。異なる見方、感じ方、接し方は、本質をとらえていくうえでとても大切なことで、「よりよく…」と求めていく時に、自分の学びの場を広げていく時の原則になります。

　今年度は運動会の前日に、3歳児の担任の小林先生が足の親指を骨折してしまいました。全治3か月でした。「生体の生活リズムを見直す機会の一つとして、3歳児もお泊り保育を実施しようか…」などと思っていた矢先のアクシデントでした。「担任不在の状態では今回は無理かしら？」という声も出るなかで、「朝食前の散歩の実践をやりましょう！　朝ごはんは私たちが頑張って作りますから。」と力強く提案してくれたのは杉浦先生でした。仲間が窮地に立った時こそ、みんなで支え合う。子どもたちのために今の自分ができる精いっぱいの努力をする。組織集団のあるべき姿を示しながら実践したのは、杉浦・佐々木・藤田の最強トリオでした。そして、その応援に駆け付けた先生たち。土曜日の朝に5時起きをして、朝食の炊き出しを自ら進んで行う先生たちの思いはどこから来るのでしょう。

　子どもたちの毎日が、生き生きとして充実したものであるよう、私たちの保育園では、「早起き・早寝（6：00頃起床、20：00頃就寝）の睡眠のリズムを身につけて、脳とからだの働きを健康に育てていきましょう。そして、朝食前に散歩をすると、脳とからだの働きが目覚めて、1日が活動的になります。」と、提案しています。

　この習慣を幼児期につけておくことは、子どもにとって「生きる力」の源であり、財産となるからです。

（「ムーミン保育園・あそびの杜保育園」文集,2008年より）

**朝食前に散歩することは、
頭やからだの働きを高めるのに大切です。**

・30分くらい少し急ぎ足で散歩をします（7時頃、コルチゾールの分泌がもっとも高揚する時間の前に朝食前の散歩を）。
・筋肉を満遍なく使う（大脳を賦活する）。
・あしは第2の心臓（血液循環をよくする）。
・ドーパミンをよく分泌させる。
・セロトニンの生成を促す。
・まだ歩くことができない子どもや乳児は、背負って散歩した後にマッサージや体操遊びをします。

第3章

子育てに発達の理論と科学を

図55 人間の特徴を育てる

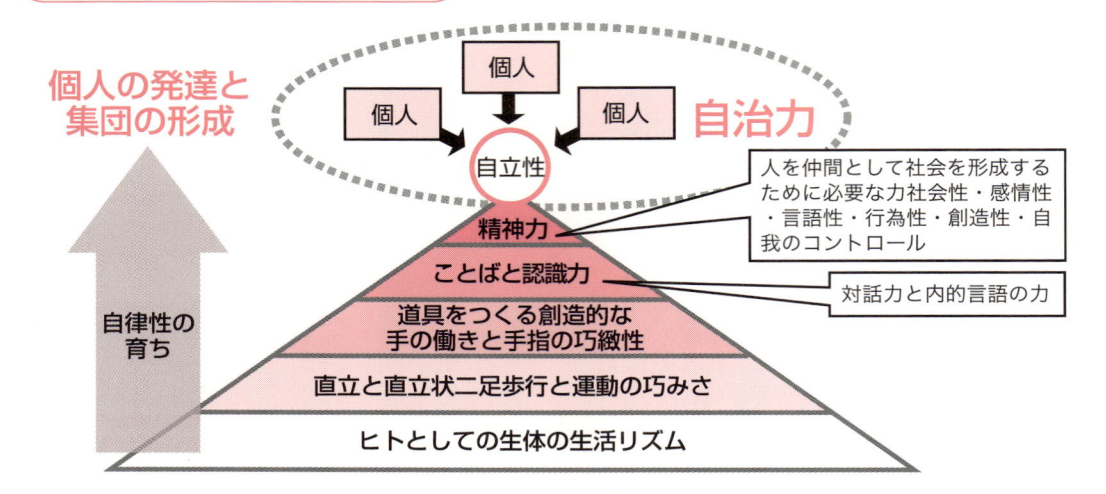

個人の発達と集団の形成

個人 → 自立性 ← 個人
個人 ↓
自治力

自律性の育ち

ピラミッド（下から上へ）:
- ヒトとしての生体の生活リズム
- 直立と直立状二足歩行と運動の巧みさ
- 道具をつくる創造的な手の働きと手指の巧緻性
- ことばと認識力
- 精神力

精神力 ─ 人を仲間として社会を形成するために必要な力　社会性・感情性・言語性・行為性・創造性・自我のコントロール

ことばと認識力 ─ 対話力と内的言語の力

55 子どもの発達課題 人間の特徴を育てる

　他の動物と比べて人間だけがすぐれて進化して獲得した能力、それが人間の特徴ということになります。それを子どもの発達課題として整理すると次のようになります。

●生体の生活リズムの獲得
　生体のリズムには、いつ・どこで・何を・どんなふうにするかという意味や秩序があり、命・健康・発達の土台です。ヒトとしての生体の生活のリズムが崩れると、脳とからだの発達に不調和な状態が生じてきます。

●直立と直立状二足歩行の獲得
　ヒトの基本姿勢は直立姿勢であり、その基本運動は直立状二足歩行です。直立姿勢とは、地面に対して垂直に立ち、腰の重心と頭からの垂線が、両方の内側のくるぶしの間に落ちて一致する姿勢です。そうした直立の姿勢を保ちながら、かかとからつま先に体重移動する歩行を獲得しました。

●道具を作り、道具を使用する手の働き
　ヒトは、直立状二足歩行によって解放された手を使ってさまざまなものを創り出し、多様な文化・社会を築き上げてきたのです。その創造の過程には、そこに至るまでの経験や知識を総動員したうえでの先を見通す力や創造力が生かされています。

●知的精神活動と社会性の獲得
　外界に働きかけながら自分や自分を取り巻く自然や社会を変革し、自由を拡大していくためには、ことばを基盤にしたコミュニケーションや認識力・思考力・創造力などの知的精神活動が必要です。そうした人間としての豊かさや自由の拡大を求めていく過程そのものが、認識力・思考力・創造力などの知的精神活動を伴います。知的精神活動の力こそが、環境・本能的に支配されて生きている動物と、集団のなかで生活を営む社会的な動物としてのヒトが基本的に異なる点です。

●ヒトとしての特徴を身につける
　これらのヒトとしての特徴を、乳時期から幼児期にかけてしっかり身につけさせたいものです。この能力を身につけた子どもは、自律性と自立性を高めていきます。良いこと悪いことを自ら判断し、できることは自ら進んで行なっていきます。やがて、集団を形成し、各々が身につけた能力を発揮し合い、高め合いながら、仲間との間で起こった様々な問題に対しては、最後まで仲間と共に問題を解決していく自治的な力も育っていきます。

図56 生体の生活リズム

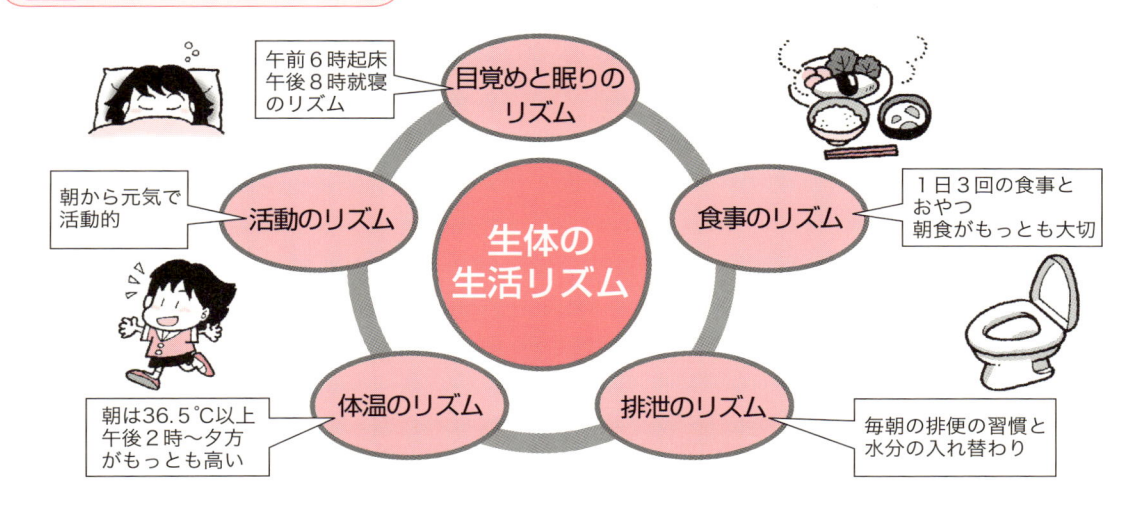

- 目覚めと眠りのリズム：午前6時起床 午後8時就寝のリズム
- 食事のリズム：1日3回の食事とおやつ 朝食がもっとも大切
- 排泄のリズム：毎朝の排便の習慣と水分の入れ替わり
- 体温のリズム：朝は36.5℃以上 午後2時〜夕方がもっとも高い
- 活動のリズム：朝から元気で活動的

56 就学前に身につけたい力

●毎日の生活の中で気をつけたい点

私たちのからだは、毎日代謝をくり返しながら少しずつ変化をしています。子どもは、外からの刺激、食べ物、水や酸素をからだのなかに取り込みながら、急激にからだや脳を育てていきます。ヒトの成長過程に沿った形で代謝が進められていくことが望ましいのです。活動や睡眠がヒトの特徴や発達の順序性を無視したものであると、からだ・脳・こころの発達のどこかに歪みや不健康な状態が生じてきます。

●目覚めと眠りのリズム

早起き・早寝（朝6時頃起床・夜8時頃就寝）の習慣を身につけることが大切です。ノンレム睡眠第4段階のもっとも深い眠りはヒトにしかなく、脳の前頭葉を育てる眠りだといわれています。睡眠中は、各種の睡眠同調ホルモンが分泌されて、脳とからだを守り育てます（図08、図09参照）。

●食事のリズム

1日3回の食事と午後3時のおやつ（軽い食事）が大切です。決まった時間に食事をとることによって、睡眠や活動のリズムが修正されます。とりわけ朝食は、午前中の脳の働きを保障するために重要視すべき食事で、朝食に米飯を主食とする和食を常食すると、ブドウ糖の働きが持続して、脳に十分なエネルギーが補給されます。

●排泄のリズム

からだにとって不要になった排泄物は、夜の睡眠中に、腸がゆっくりぜん動運動をすることによって直腸に運ばれます。翌朝の活動や朝食によって、朝の排便の習慣が身についていきます。また、水をよく飲み、汗をかいてよくからだを動かすことで、水分代謝の働きを活発にすることも重要です。

●体温のリズム

体温は、からだのエネルギー代謝の状態を示す指標で、代謝が活発な子どもは、大人に比べると少し高いのが普通です。子どもの低体温は、活動しにくい状態を示しています。体温は、36.5〜37.5℃の間でリズムをもちながら一日の中で変化しています。明け方から徐々に上昇を始め、起床して朝食を食べることによって、急激に上がっていき、活動開始の状態が整います。午後から夕方までがもっとも高温になり、夜は入浴後、落ち着いた時間を過ごすと体温が下がります。この時に布団に入ると、寝つきがよくなります。睡眠中はもっとも体温が低くなります。

●活動のリズム

背の高さは、一日のうちでも変化します。朝は、

図57 脳細胞（ニューロン）

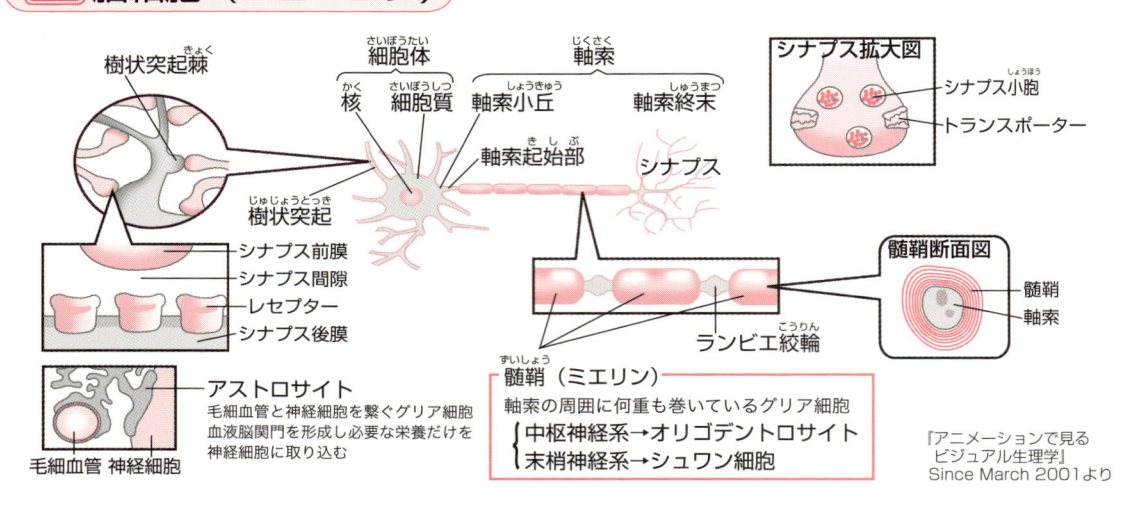

図の各部名称：
- 樹状突起棘
- 細胞体（核、細胞質）
- 軸索（軸索小丘、軸索起始部、軸索終末）
- 樹状突起
- シナプス
- シナプス拡大図：シナプス小胞、トランスポーター
- シナプス前膜、シナプス間隙、レセプター、シナプス後膜
- 髄鞘断面図：髄鞘、軸索
- ランビエ絞輪
- 髄鞘（ミエリン）：軸索の周囲に何重も巻いているグリア細胞
  - 中枢神経系→オリゴデントロサイト
  - 末梢神経系→シュワン細胞
- アストロサイト：毛細血管と神経細胞を繋ぐグリア細胞 血液脳関門を形成し必要な栄養だけを神経細胞に取り込む
- 毛細血管　神経細胞

『アニメーションで見るビジュアル生理学』Since March 2001より

もっとも背が高く、夜寝る前がもっとも低くなります。一日運動をすると、重力に逆らって筋肉が運動することによって、関節の隙間が狭くなっていきます。1つひとつの関節の隙間はほんのわずかですが、全体としてみると1.5～2.5センチくらい背が低くなるのです。実際に運動量の多い子どもほど背が低くなります。昼間しっかり運動をして、夜はぐっすり眠ると、重力から解放されたからだは、眠っている間に睡眠中の成長ホルモンなどの作用によって、強い骨や筋肉が形成されるように変化していきます。

一日を通して、心地よい汗をかくようによくからだを動かし、笑いの多い良い精神状態で活動すると、適度の疲労感と満足感で寝つきがよくなります。そして一晩ぐっすりと眠った後、朝6時頃機嫌よく一人で目覚めます。もしも、前の晩の寝つきが悪かったり、夜中に起きるようなことがあったりしても、朝は6時頃に起こすようにします。からだの調子が悪い場合などは、その後休ませてもかまいませんが、毎朝6時頃に必ず体内時計をリセットするように心がけます。

57 日中の活動と夜の眠りが脳の働きを成長させる

●大脳新皮質を育てる

ヒトの脳は左右一対になっていて、脳梁と呼ばれる部位でつながっています。大脳半球の表面は、大脳新皮質と呼ばれるわずか3ミリ程度の薄い膜のようなもので覆われています。このわずか3ミリ程度の大脳新皮質は、ヒトが他の動物とくらべて格段にすぐれているところです。脳細胞（ニューロン）は、大脳新皮質の部分だけでも150億個もあるといわれています。

脳細胞は、生まれた時は卵のような形ですが、成長するに従って軸策（信号の出力を担う部位）や樹状突起（他の神経細胞などから信号を受け取る働きをする部位）を伸ばしていって、シナプス（細胞間で行なわれる信号の伝達活動に関わる接合部）をどんどん増やしていくことによって神経回路を作っていきます（図57参照）。

●成長する脳細胞

シナプスの前細胞と後細胞の間にはわずかな隙間があって、この間を何種類もの伝達物質が送られます。また、軸策の周りは、髄鞘／ミエリンと呼ばれるサヤで覆われ、絶縁性を高めることによって、伝達活動を高速にしています。このような脳の回路

図58 セロトニン系神経

セロトニン神経が弱った状態
・パニック・暗い感じ
・意欲がない

↓

ノルアドレナリン神経が弱った状態
・しつこさ・こだわり

↓

ドーパミン神経が弱った状態
・前頭葉（人格形成・知的精神活動）の働きの低下

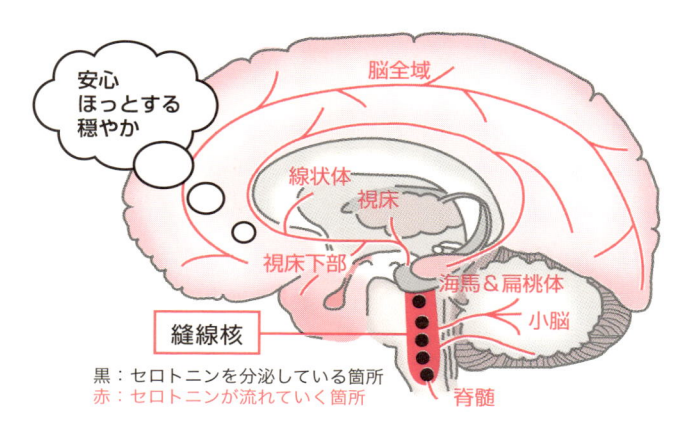

安心 ほっとする 穏やか

脳全域／線状体／視床／視床下部／海馬＆扁桃体／小脳／縫線核／脊髄

黒：セロトニンを分泌している箇所
赤：セロトニンが流れていく箇所

Smart life Guidance　用語辞典より

網が複雑に形成されていくことが脳の発達です。

脳細胞の成長は、生後8〜9カ月がピークで、それ以降はあまり使われない細胞はよく使われる神経回路に席を譲るように消失していき、必要な神経回路が残っていきます。よく使われる1個の神経細胞には約2万5千〜4万5千個のシナプスが形成されるといわれますが、生まれてすぐの脳細胞にはシナプスは1つにつき平均2個しかないだろうと考えられています。シナプスの増減は生後の育ちによります。シナプス間で電気的な化学信号として化学物質が放出されます。これを神経伝達物質といいますが、100種類はあるといわれます。ドーパミン、ノルアドレナリン、セロトニンなどの神経伝達物質は、日中の快の情緒で活動している時に分泌し、脳の働きを高めて精神活動を活発にします。

● **睡眠が脳を育てる**

睡眠同調ホルモン（図07参照）は、その名の通り夜間の睡眠のなかで分泌され、脳とからだを守り育てながら翌日の活動に備えます。最近の研究では、睡眠中に大脳皮質の情報を整理し、海馬で記憶を再編・固定し、くり返し入力されたものから優先的に側頭葉へ送られ、長期記憶として固定されることもわかってきました。

58 早起きの生活リズムでセロトニン系神経を強くする

● **セロトニンとうつ**

脳幹の橋（きょう）に属するところに、縫線核（ほうせんかく）を中心として働くセロトニン作動性神経系があります（図58参照）。セロトニンは、ドーパミン神経系を抑制する働きがあり、ドーパミンやノルアドレナリンの過剰分泌を防ぎ、過剰な興奮や衝動・抑うつ感を軽減します。反対にセロトニンの分泌が不足すると、うつ状態になったり、暴力的になったり、さまざまな依存性が現われます。ストレスが多い環境に長期間さらされていると、セロトニンの分泌が減少していき、興奮や衝動・抑うつ感を抑制することが困難になり、精神状態が不安定になっていきます。

● **発達障害の子どもとセロトニン**

自閉症や広汎性発達障害の子どもたちには、不安感が強く、こだわりや常同行動が見られるのですが、そういった状態では、血液中のセロトニンの濃度が低いことが確認されています。セロトニン系神経を強くするために、発達障害をもつ子どもたちこそ、生体の生活リズムを正しく身につけていく生活を確立し、日中楽しく運動することが大切だと思ってい

図59 ホルモンと生活リズム

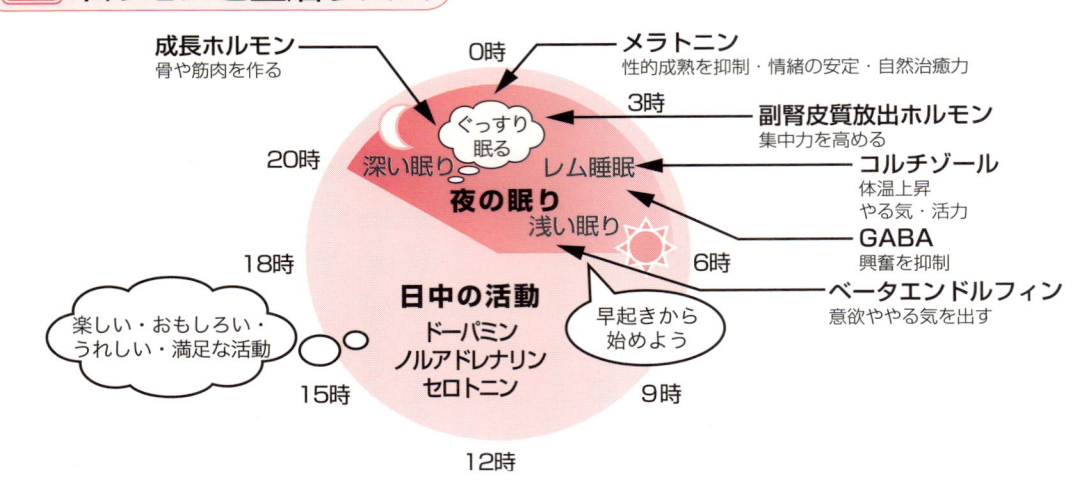

- **成長ホルモン** 骨や筋肉を作る
- **メラトニン** 性的成熟を抑制・情緒の安定・自然治癒力
- **副腎皮質放出ホルモン** 集中力を高める
- **コルチゾール** 体温上昇 やる気・活力
- **GABA** 興奮を抑制
- **ベータエンドルフィン** 意欲ややる気を出す

夜の眠り：深い眠り→ぐっすり眠る→レム睡眠→浅い眠り
日中の活動：ドーパミン／ノルアドレナリン／セロトニン
楽しい・おもしろい・うれしい・満足な活動
早起きから始めよう

（0時／3時／6時／9時／12時／15時／18時／20時）

ます。

　セロトニン神経系はノンレム睡眠に関係しています。深い眠りが出現するためには、セロトニン系神経の活動が活発でなければなりません。セロトニン系神経は、日中の覚醒レベルが高いとより発達し、覚醒状態が低いとうまく発達しません。朝、太陽の光を浴びると、セロトニンが分泌を始め、日中十分にからだを使って活動することで、セロトニン神経系が鍛えられるのです。

　また、セロトニン神経系とドーパミン神経系は拮抗的な働きをしているようで、セロトニン神経系が弱った状態では、ドーパミン神経系もノルアドレナリン神経系も弱くなっていく恐れがあるとされています。

59 科学的根拠のある子育ての手抜き法

●時間を効率よく使って子育てする

　朝6時起床、夜8時就寝の生体の生活リズムを提案すると、そんな早い時間に寝かしつけることは困難だという声をよく聞きます。「大人だって仕事で疲れているのだから、家に着いたらちょっと一休みしたい」というのが、時間に追われながら生活している親の本音でしょう。

　私は、つぎのような「科学的根拠のある子育ての手抜き法」を紹介しています。

●夕食は軽く、粗食で

　夜はエネルギーを大量に消費するような活動はしません。食べた後は入浴を済ませて、少しのんびりしたら寝るだけです。ごちそうを食べる必要はありません。夜は消化吸収のホルモンがあまり分泌しませんので、高カロリー・高たんぱくの食事をお腹いっぱい食べると、睡眠の妨げになったり、肥満の原因になったりします。

●眠ることを優先する

　時間のない時は、シャワーやからだをふく程度、時には入浴を省略してもかまいません。汗をかいたりからだの汚れが気になったりする時は、清潔を保つことも必要ですが、眠い子ども、寝てしまっている子どもを起こしてまで入浴をさせる必要はありません。翌朝早く起きて、からだをふいてやる方が、交感神経への切り替えもよくなって効果的です。しかし、ふだんは入浴することは大切です。清潔にする習慣だけでなく、入浴することによって心やからだがリラックスした状態になると副交感神経の働きに切り替わりやすくなります。入浴後は体温が急激に下がり始めますので、湯冷めをしないうちに布団

図60 直立と直立状二足歩行

足の形の変化
- O脚状（乳児後期）
- X脚状（幼児期）
- 平行脚（学童前期）

立っている時足にかかる体重の割合
- 片方のかかとに20%
- 親指の付け根に15%
- 小指側に15%

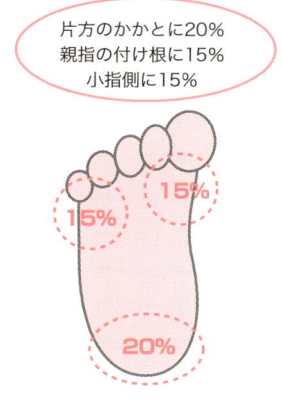

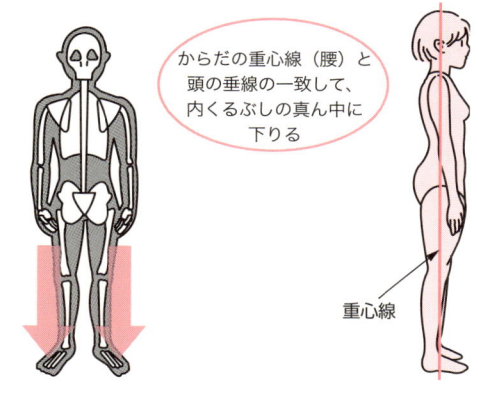

15% / 15% / 20%

からだの重心線（腰）と頭の垂線の一致して、内くるぶしの真ん中に下りる

重心線

Web「カイロプラクティック・インフォメーション」綾田英樹より

に入ると、寝つきがよくなります。

●寝る前にコップ1杯の水を飲む

子どもは代謝の働きが高いため、寝ている間も大人より汗をかきます。夜中にのどが渇いて起きることのないよう、水を飲んでから就寝するようにしましょう。この時の水分は睡眠中の代謝のために必要な水ですから、牛乳やジュースではいけません。

●1日の終わりを、笑顔で締めくくる

就寝前から、子どもに口うるさくしたり、叱ったりしないように気をつけましょう。子どもが布団に入る時は、「いい子ね。えらかったね。おやすみなさい」など、子どもが安心して眠りにつくことができるように声をかけます。不安感があると寝つきが悪いだけでなく、睡眠リズムも乱れやすくなります。子どもが早く寝る習慣がついてくると、大人は片付けや翌日の準備などができますし、くつろぎの時間がもてます。子どもを早く寝かせることを優先した生活は、大人のゆとりを生みます。

●翌朝は6時頃起こす

眠くならない子どもに腹を立てても仕方がありません。朝は6時頃、起こしましょう。早寝・早起きは、早起き→早寝で、朝にリズムをリセットしていけばいいのです。

---

60 全身の抗重力筋を育てからだの姿勢を保つ

●伸筋と屈筋

重力に逆らって姿勢を保ちながら、からだを支える筋肉を抗重力筋（脊柱起立筋、菱形筋、殿筋、太ももの大腿四頭筋など）は、働き方の違いによって伸筋とも呼ばれ、地球の重力に逆らって身体を伸ばす筋肉です。その一方で、伸筋と拮抗した働きをする屈筋（大胸筋、腹直筋、太ももの裏側のハムストリング筋群、ふくらはぎの腓腹筋、ひらめ筋）は、脳からの抑制を受けて強く収縮し過ぎないよう働きます。伸筋と屈筋のバランスが悪いと姿勢が悪くなります。一生を通じて、抗重力筋をバランスよく維持していくことが大切です。

●直立状二足歩行を獲得する

乳幼児期は、「直立」と「直立状二足歩行」を獲得するように、十分な運動が不可欠です。まず、自ら立ち歩くようになるまでは、はう運動をたくさんさせます。はいはいが上手になって、手足が強くなってくると、やがて床から「高ばい」の姿勢をとってから立ち上がるようになります。歩くようになってからは、歩くことを基本としながら、全身の抗重力

図61 あおり動作歩行

直立二足歩行の体重移動順

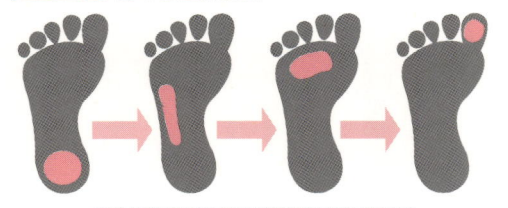

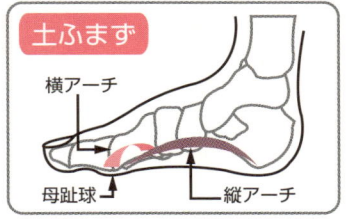

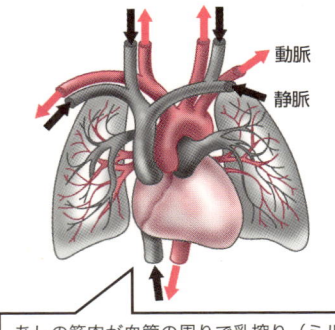

土ふまず — 横アーチ、母趾球、縦アーチ

あしの筋肉が血管の周りで乳搾り（ミルキングアクション）をするように伸び縮みすることで、血液が心臓に送り返される

【左図】Web「はくざん通信」成尾整形外科病院より
【右図】Web「ケンコーミサトっ子」国立兵庫教育大学名誉教授原田碩三より

筋を十分に働かせるようにさまざまな運動遊びを楽しませます。学童期に入って、ようやく正しい「直立」と「直立状二足歩行」が獲得されます。

●O脚からX脚、平行脚へ

歩き始めの子どもの足は、O脚状です。膝がやや外側を向き、つま先も外側を向きながらヨチヨチと外股の状態で歩きます。1歳半から2歳前頃、歩くのがだんだん上手になってくると、X脚状に変化してきます。2～3歳代がX脚のピークで、膝がやや内側を向き、とんび座り（おしりをつけて座る）にもなりやすい時期です。正しい正座を大人が手本として示して教えます。幼児期に歩く運動を大切にしながらさまざまな運動遊びに挑戦していき、足腰が丈夫になっていくと、小学校低学年では、X脚状から平行脚に育っていきます。平行脚では土踏まずも形成されてきて、膝とつま先が真直ぐ前を向いた状態になります。

最近では、小学校低学年を過ぎてもX脚が残っている子どもが多いようです。身長が伸びる時期に運動不足になると、大腿筋が弱くなって足先が内側に向いたまま歩行しがちになります。土踏まずの形成が悪い子どももいます。

61 あおり動作歩行を発達させる

●歩行パターン

直立状二足歩行では、まずかかとから着地をします。そして前に体重をかけながら小指側を経て、最後に親指の付け根あたりに体重を移動し、親指と第2趾で地面を強く踏みしめながら蹴りだし前進します。離地と同時に、もう片方の足がかかとから着地します。

この歩行パターンを「あおり動作歩行」、あるいは、「かかとからつまさき歩行」といいます。この外側へ少しあおる形で弧を描きながら足を離地していく歩行パターンによって、土踏まずが形成されていくのです。

足の骨は生まれた時は軟骨状態ですが、26個の骨からできています。3、4歳頃にはかかとの骨が形成されていきますから、かかとがゆがんだり土踏まずが未形成にならないように、歩くことを大切にしなければなりません。

●土ふまずの働き

土ふまずには、直立状二足歩行に必要なつぎのような働きがあります。

・立位姿勢のバランスを保つ、片足で安定して立つ。

図62 筋肉運動の発達の原則

骨格筋	相性筋……跳んだり走ったりする運動によって鍛えられる筋肉で、敏速な運動に関係している。
	緊張筋……立ったり歩いたり、姿勢の保持などの日常の基本運動に使われる筋肉で、常に収縮している。脳の血流量をよくして脳の働きを目覚めさせる。

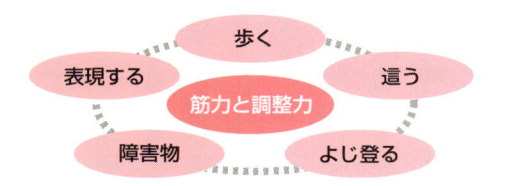

筋力と調整力：歩く／這う／よじ登る／障害物／表現する

筋肉の発達の原則	・中心から末端へ、上から下へ、大きな筋肉から小さな筋肉へと発達していく。
筋肉負荷の原則	・48時間以内の再度負荷を与えると良く発達する。 ・限界値を超える負荷を加えるとよく発達する。
ルーの法則	・筋肉はちょうどよく使われるとちょうどよく発達する。使いすぎても、使わなくても適切に発達しない。
◎廃用萎縮症候群	・筋肉は使わないままでいると、細くなって萎縮していく。
◎誤用萎縮症候群	・筋肉は不適切、誤った使い方をしていくと、バランスを崩して萎縮していく。

・かかとやつま先で踏ん張る力を発揮させる。
・クッション作用で、着地などの時の全身の衝撃を緩和する多様な動きができる。
・強いアーチで体重を支えて動かす。

●第二の心臓

　足は「第二の心臓」といわれます。歩くことによって、全身の血液循環を促進し、新陳代謝を高め、交感神経の働きを強化します。とりわけ、足の筋肉は全身の中でも多くの割合を占め、歩いたり運動したりすることによって伸縮して、心臓に向けて血液を押し出すポンプの役割を果たしています。重力に逆らって足にある静脈血を心臓に戻すために、足の筋肉を伸縮させて静脈を圧迫し、静脈血を効率的に心臓に送り返します。牛の乳しぼりのような動きになぞらえて「ミルキングアクション」といわれています。足の親指と第2趾の踏みしめをよくするために、裸足で過ごす習慣や、鼻緒のついた草履を履いて歩くことなども大切にしてください。

62 筋肉運動を十分にして脳を発達させる

●脳と筋肉運動

　脳細胞（ニューロン）間の連絡網の発達のめざましい乳幼児期は、とりわけ、「動いて知る働き」を最大限に働かせる必要があります。からだを十分に動かすこと、運動することによって脳全体の働きが高められます。

　姿勢を作る骨格のまわりにあって骨を支えている筋肉という意味で、抗重力筋は骨格筋とも呼ばれます。骨格筋は、その筋肉の性質の違いから相性筋と緊張筋に分けられます。

　相性筋……跳んだり走ったりする運動によって鍛えられる筋肉で、敏速な運動に関係しています。

　緊張筋……立ったり歩いたり、姿勢の保持などの日常の基本運動に使われる筋肉で、屈筋と似た働きで常に収縮しています。脳との関連が深く、脳の血流量をよくして脳の働きを目覚めさせています。

●有酸素運動と脳

　運動は、有酸素運動（エアロビクス）と無酸素運動（アネロビクス）の2つに分けられます。

　有酸素運動……長い時間をかけ酸素をたくさん消費する運動で、心臓や肺の機能を向上させます。一定時間の歩行やマラソン、リズム運動や水泳がこの運動です。

　無酸素運動……瞬発力を必要とする運動で、あまり酸素を使わず筋肉を鍛えます。重量挙げや100m走などがこの運動です。

図63 新しい課題と脳の発達

新しい課題の獲得と脳の発達＝脳の再構築 → **新たな生理学的レベル 自由度の拡大**

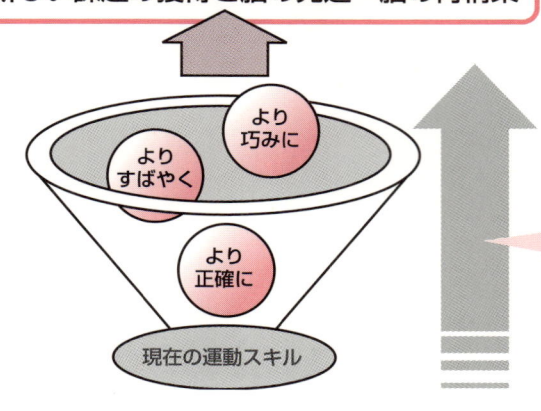

- より巧みに
- よりすばやく
- より正確に
- 現在の運動スキル

- 見通し（予測）
  空間の認知
  時間の認知
  からだの使い方のイメージ
- からだ感覚の向上
- 運動の反射化

　からだと脳の働きを高めるには有酸素運動が有効です。有酸素運動によって心臓では心拍数が少なくなり、肺は最大酸素摂取量が多くなります。からだのすみずみまで血液が回ると細胞が活性化されます。

● 子どもの運動

　まずは、歩くこと。幼児期には、日常的に2、3kmを20〜30分で楽に歩けるようにします。年長児では5km遠足もできるようになります。

　次にはう運動です。歩くようになっても、全身の抗重力筋を育てるすぐれた運動としてはう運動をとりいれます。体幹・肩・腕・手首などを意識して動かすはいはいの遊びは、室内での運動遊びとして有効です。またよじ登る運動も大切です。肩・腕・手首・手指を粗大運動（大きくからだを使った運動）の中心に置いた運動や、手と足の協調した運動を意識的にしていきます。指先の器用さは、肩・腕・手首・握力の発達に支えられているのです。

　また、運動能力の1つである調整力（巧みさ・敏捷性・平衡性・柔軟性）をつけるために障害物を使った運動もさせます。さまざまな障害物を利用した運動遊びが有効です。障害物を使って遊ぶことによって、いろいろな動きを工夫しながら楽しめます。

　リズム運動や踊り（ダンス）・体操遊び（動物ごっこ・マット運動・器械体操など）はからだで表現する運動です。運動と音楽や歌が一緒になると、気持ちが高揚して動きがリズミカルなり、創造性も発揮され、より巧みな豊かな表現ができるようになります。また筋肉を発達させるには図62のような筋肉の特徴を考慮して、正しくまんべんなく全身の運動をくり返して行なうことが必要です。

63 運動エネルギーの効率を上げる

● 運動をくり返す

　今できる運動を何度もくり返すことによって、より正確に、よりすばやく、より巧みになっていきます。その運動に対する空間的・時間的見通しや、その運動が完了するまでのからだの使い方のイメージや、筋肉や関節のからだ感覚がだんだんと自覚できるようになるからです。何度もくり返すことによって、やがて1つひとつの動きを確かめたりイメージしたりしなくてもできるようになります。

● 脳をフルに使う運動

　最初、新しい運動を獲得しようとする時は、脳は全体をフル回転させます。筋感覚・視知覚・空間知

覚・運動の組み立てのための思考・記憶との照合などを総動員してある一定の運動（動作や行為も含む）を獲得していくのです。運動によっては聴覚や触覚を使うものもあります。

　いったん獲得された運動は、その個体にとって好ましい・必要性の高い・有意なものならば、脳の記憶として残りやすくなります。

●運動エネルギーの効率化

　そうしてくり返された運動は、やがてそれまでのように脳の全域を総動員して働かせなくても済むように、余分な動きを省略化したり、1つひとつのバラバラな動きを合理化してまとめていったりしながら、より少ないエネルギーで最大の運動効果を得ることができるように、反射化した経路をつくっていきます。これを「運動エネルギーの効率化」といいます。

　反射化した運動経路ができあがると、特別な状況でないかぎり、それほど意識しなくてもその運動ができるようになります。もちろん、脳の消費エネルギーも少なくて済むようになります。するとまた、新しい運動課題に取り組む余裕ができてくるわけです。余裕ができた脳は、ふたたび脳を総動員して、また新しい課題にとりくんでいきます。

　このようにして、脳は、自ら脳の働きをつくり変えていくことをくり返していきます。これこそが脳の発達や脳の再構築であり、生きていく限り脳は変化して発達していく可能性があるといわれているゆえんです。運動は、その目的性も含めて、非常に広範囲の脳の領域を使います。乳幼児期に運動遊びを豊かに保障していくと、脳の働きがよくなるというのはこのような理由からです。

図64 手の働き

握りと環状のつまみ
①親指と他の4指対向の動き
②親指と人指し指の環状のつまみ

右手と左手の働きを育てる
・利き手と利き手を先導し補う手の分化した働き

知る働きとしての手
・触知覚としてもすぐれている・熟練の技・点字

表現する手
・ジェスチャー・手話・踊り・芸術

目的にあわせて道具を創り、使う
①創造的に道具を創る
②見通しをもって道具を使う
③考えながら、イメージをもちながら手を働かせる

64 創造的な手の働きを育てる

●文化を創り出したヒトの手

ヒトの手は親指と人差し指の先を向かい合わせて、ものを自在につまむことができます。ヒトは手を器用に働かせて道具を使い、その道具を使ってものを創り出してきました。つまり、手を働かせることは、イメージすること、想像してものを創り出すことであり、単に手を動かすことではないのです。大脳の知る働きや記憶の働きと共に前頭葉を駆使して手を動かしているのです。道具を創り出す手の働きを個人の獲得すべき能力として身につけていくことは、ヒトとしての発達を考える時、とても重要な視点なのです。手の働きを大きく5つに整理してみましょう。

●握り・つまみ

握りは、サルから進化した名残りの能力といわれています。生まれてすぐに母サルの胸にすがり母乳を飲み、木の枝をしっかりつかむという本能的運動能力です。ヒトの場合、手を歩行のために使う必要がなくなったことで退化しかけた親指を再び発達させ、「握る」動作に加えて、親指と人差し指の先を向かい合わせて「つまむ」動作（環状のつまみ）を獲得したといわれています。この手先の力の基となっているのが、握力です。

●触知覚

指先はとても敏感です。指で何かを触って識別するとき、人は指先の力を微妙に変えながら、判断しようと試みます。細い物ならつまみ、柔らかい物なら押し、なぞったり、たたいてみたりもします。ヒトは指先の器用さと触知覚を統合しながら学習し、手の働きを高めていきます。乳幼児期に、土や泥んこや砂遊びなどさまざまな変化する素材を使って遊ぶと、手の働きがいっそう高まります。

●両手の協働

左右の手は、同じ動きをすることも異なる動きをすることもできます。利き手は、3歳頃までに決定するといわれていますが、利き手だけが力強くあるいは器用に使えれば良いというわけではありません。より効率的に仕事をするには、利き手がより効果的に働くことができるように、もう一方の手が先導したり補うようにしたりして働きます。

●表現力

私たちは、器用に動かすことができる手を使ってさまざまな表現ができます。それは、サイン言語としての手話、さまざまなジェスチャーとして日常でも多用されています。身体表現では、踊り（ダンス）などのように、指先の表現力まで要求されます。

図65 幼児期に必要な上肢の運動

| 投げる 打つ 振る | ぶらさがる よじ登る | 押す 引く | 支える 持ち上げる | 回す ねじる |

抵抗に打ち勝ちながら、空間と時間のなかで正確さが要求される

● 道具を使い・ものを創り出す

　道具を使う時は必ず「何のためにそれを使うのか」という目的を持っています。さまざまな道具をその目的に応じて正しく使いこなすためには、手の器用さだけでなく、先を見通す力や判断力が必要です。

65　子どもにさせたい上肢の大きな運動

● 使わなくなった腕の筋肉

　下肢の運動は、立ったり座ったり歩いたりすることで、健康な状態の時には特別な意識をもたなくても、ある程度の運動量が保障されます。それにくらべ、肩・腕を含む上肢全体の運動は意識して運動しないと不足しがちです。立って歩くようになると、とりわけ上肢・体幹を意識的に強く育てる遊びが、貧弱になっていきます。子どもたちがよじ登ってもいい大きな木や、遊び場として使えるような原っぱや小川が身近になくなってしまったこともありますが、日常の生活でも重い荷物を頑張って持ち運ぶ必要も、お手伝いで薪を運んだり、バケツで水を運ぶこともなくなりました。ぞうきんがけを日常的にする、子どもにさせる家庭も今は少ないと思います。

● 腕の筋肉の発達

　筋肉と運動が育っていくには順序性がありますが、筋肉は中心部分から末端部分へ、上から下へ、大きな筋肉から小さな筋肉へと向かって発達していきます（図62参照）。手指の操作性や器用さが育つためには、それを支えるために肩・腕・ひじ・手首の筋肉の育ちと関節の柔軟性が育っていることが必要です。上肢全体を使う運動遊びを、意識して子どもたちの遊びのなかにとりいれていくことで、手指の操作性や器用さが発達するからだを育てていきます。

● 幼児期にさせたい上肢の運動

　つぎの5つの要素が遊びのなかに盛り込まれていることが望ましいと考えています。

・投げる・打つ・振る
・ぶらさがる・よじ登る
・押す・引く・回す・ねじる
・支える・持ち上げる

　これらの運動は、抵抗（重力）に打ち勝ちながら、空間と時間のなかで正確にコントロールされた上肢の運動が要求されるものです。運動によっては、目と上肢の協応・上肢と下肢の協応が必要であったり、その動作を行なうためにはそれに適した姿勢や構えが必要です。あし・腰・上体が育っていると、上肢が効果的に働きやすくなります。

図66 手の働きを育てる

運動遊び
- はう運動
- ぶら下がり
- よじ登り
- 縄・ボール
- 遊具・障害物
- スポーツ全般

表現・造形活動
- 変化する素材を使った造形
- 手遊び・踊り
- 音楽リズム
- 描画など

家事労働
- 調理
- 掃除
- 洗濯
- 日曜大工
- 裁縫など

身辺自律
- 着脱
- 食事・排せつ
- 片付け
- 清潔の習慣
- 整理整頓など

66 手の働きを育てる運動や遊び

●手を働かせるくり返しの練習

　ヒトの基本姿勢と基本運動である立ち・歩くための足・腰にくらべると、手は退化しやすい運動器官ですが、一方で、いちばん意識をして動かせるのは手と指です。

　しかし、指先で精緻な作業をするためには、複雑で微細な筋肉運動とそれをコントロールする脳からの指令が必要です。そして、イメージの通りに手を動かすことができるようになるためには、何度もくり返し練習することで脳と手の筋肉や指先の感覚の連携を発達させることが不可欠です。

●獲得する手の巧緻性

　ある年齢になると自然に、正しく箸が使えるようになったり、鉛筆できれいな文字が書けるようになったりするわけではありません。ふだん意識しないでやっている動作も、その土台となる運動の積み重ねや何度かの意識した練習を経て、獲得したものです。

　脳も筋肉も、正しく鍛えれば鍛えるほど、その働きがよくなって、よく記憶しますし、強くなるといわれています。「動きが形を作り、動きと形が能力を作る」というのは、筋肉運動と脳の関係をいいあらわしている適切なことばだと思います。

●小さい頃の修練

　幼少の頃からピアノを弾き続けた人は、大人になってもそれなりに弾くことができます。子ども時代から弾いてきた人が、大人になって再レッスンを受ける時は、過去の記憶から取り出せるものがいくつもあります。新たな練習によって以前身に付けた能力を取り戻すのは、新しい能力を身につけるよりもずっと短い時間にできます。

　その反対のこともいえます。子ども時代に変な箸の持ち方を覚えた人は、大人になってもなかなか矯正（きょうせい）できません。特に指先と道具の使い方は、使う頻度の高いものやそのやり方でことが済んでしまうと、筋肉運動の仕方が習慣化しやすいという側面をもっています。「より正確に、よりすばやく、より巧みに」なるために、現状の運動スキルを向上させようとした時には、

　今までのやり方を変えなければならなくなります。子どもの時期、図66のように手を使った運動遊びや手伝いがいかに日常生活で保障されたかが、その後の器用さや創造力などの賢さの土台となっていきます。

図67 ペンフィールドのマップ（ホムンクルス）

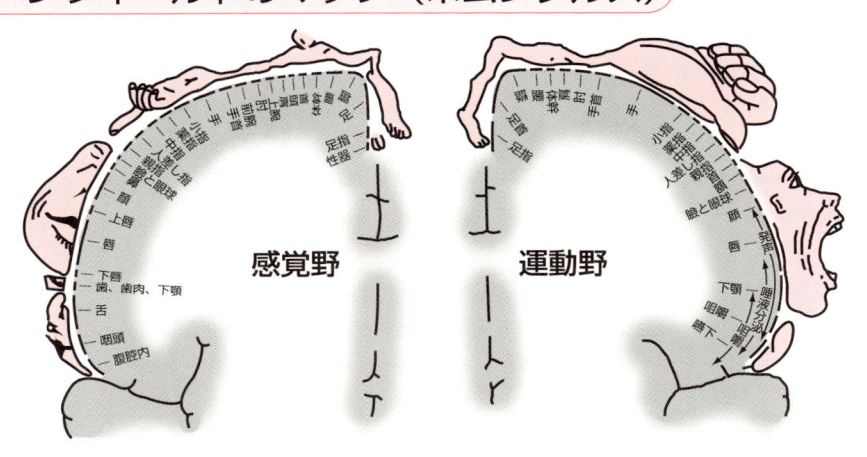

感覚野　　運動野

Rasmussen and Penfield. 1947より

67 手の働きと脳の働き

●ペンフィールドのマップ

　大脳の体性感覚野と運動野の境（前頭葉と頭頂葉を分ける境）に中心溝と呼ばれている深い溝があります。その溝に沿って脳を割ってみると、足・手・顔・舌の運動を担当する部位が見えてきます。それをわかりやすくイラストにしたものがペンフィールドの「ヒトの一次運動野における体部位局在の地図」です（図67）。

●体性感覚野としての手指

　描かれている顔やからだの絵は、各部位からの入力が、感覚皮質のどの部分に、どれぐらいの領域に投射されているのか、その面積比を現わしているものです。唇や顔、手指などから入力を受ける面積は大きく、背中やしりなどから入力を受ける面積は小さいことを意味しています。さらに、前頭葉の運動野では、手の運動、とりわけ親指の働きを担当する面積が広いことがわかります。

　これはいい換えると、親指と向かい合った他の4本の指の働きを育てていくことが、脳を発達させていくためにもとても重要だということを意味します。子どもの場合、手の働きが育つことは、移動運動や姿勢や構えなどの運動の育ちを意味するだけでなく、脳の発達そのものを示唆しています。

●手指は能動的な器官

　細微な感覚情報を感じとれる器官には、脳も大きな面積を占めています。ヒトは手指を動かしたり感じたりする行為を、自己の意識下で行なっています。目も耳も鼻も口や舌も知る働きとしては一般的には受動的感覚器官です。

　ところが、同じ感覚器官でも、手指はかなり能動性をもった部位です。手を微細に自由に操れるのは、脳が外部からの情報を受入れながら分析・統合し、同時に指令を出して微妙に調節しながら筋肉を収縮させるからです。自分の意思で手を働かせることは、脳の広範囲を働かせながら、過去の経験の積み重ねと照合しながら、知的発達を促していくことになるのです。

　ヒトの脳は、乳幼児期からさまざまな外界情報に接しながら物を操作することができる脳に育っていく可能性に富んでいるものです。手の働きは脳の働きに支えられて、またその脳の働きは手を使うことによって育つのです。

図68 家事労働への参加

自律性の育ち
・できること、できないこととの判断
・良いこと、悪いことの区別や判断
・生活の自律性と規律性

道具の使用性の向上
・道具の目的性・適切な使い方・利便性・効率性を知る
・豊かな表現能力の発揮

先を見通す力の向上
・計画性
・段取り能力
・より良い生活のイメージ

68 家事労働に参加させよう

●手先を使えない子ども

　私たちの生活から、手の延長としての道具を使う機会がどんどん減っています。鉛筆を削ることができない、靴のヒモを結ぶことができない、包丁を使えない、ぞうきんが絞れない、箸で魚を食べることができないなどの子どもが増えている実態があります。

　先日も息子の家庭科のエプロン作りを見て、首をかしげたことがありました。なんと息子は、糸通しを使って、針に糸を通しているではありませんか。思わず、「そんなの使わないと糸を通せないの？針穴が見えないの？」と尋ねました。すると息子は、「先生がこれを使うと『便利で早くできる』って言ったよ」と、すらっと答えました。

　裁縫箱の中を見て、ふたたび驚きました。糸切りハサミの形が違いました。糸切りハサミ（和鋏(わばさみ)）の握る場所は長方形のプラスチックでできていて、その先から刃先が突き出ているのです。安全のためでしょうか？

●育たない手

　子どもたちが日常生活の中で、当たり前に家事労働を手伝う姿が見られなくなりました。外で元気に遊び回る姿は少なくなり、室内で過ごす時間が増え、子どもたちが使う物もどんどん便利・安全・安心な出来合いの電気仕掛けの物へと改良されています。これで子どもたちの手先は育つのでしょうか？

　子ども時代にこそ、創意工夫によって不便さを克服していくような経験をたくさん積ませたいと思います。掃除機を使わずにほうきとぞうきんで掃除ができるように、あるいは座卓に向かって正座で勉強をというように、便利なものをできるだけ使わないで必要なものは工夫していくなどなど、「家事仕事の手伝いも、遊びや勉強と同じくらい楽しい」と、思えるような家庭での過ごし方も大切です。家事を手伝うことは図68のような能力を育てることができます。

　楽しみながら、生活している手、遊び込んでいるからだ、いろいろなアイデアが次から次へと浮かんでくる頭の働きを育てていくことができたならば、いまの子どもたちのひ弱さや不器用さが少しずつ解消されていくのではないでしょうか。必要性を感じた時、人間はさまざまな知恵を絞って努力を積み重ねていきます。

図69 ことばを獲得するための条件

脳の発達	・眠りと活動の保障
呼吸・発声・構音器官発達	・笑いを豊かに。よく動く ・そしゃく力を高める
運動機能の発達（手・足）	・手押し車やはいはい・歩くなどの運動をたくさんする
認識力の発達	・楽しい・おもしろい積み重ね ・模倣力を育てる
話したい・聞きたいの欲求	・楽しい交流 ・笑顔で楽しい向かい合い

69 ことばを理解し・ことばを話す

● **ことばは育ちの総合力**

　私たちは、ことばで考えて意思決定をし、ことばでコミュニケーションをして社会生活を営んでいます。私は、図69のようにことばはその子の育ちの総合力であると考え、ことばを話すための条件をつぎのように提案しています。

　脳の発達……「言語中枢」（図70参照）と呼ばれている脳の発達は不可欠です。脳は、睡眠と活動が適切に毎日くり返されることによって発達します。

　呼吸や摂食器官の発達……口・舌・のどなどの生存のために必要な器官が発声・構音器官（音を作り出すしくみ）としても使われます。呼吸器官の発達とそしゃく力の発達が、発声・構音の能力を育てます。声を出して笑うこと、よくからだを動かすこと、よくかんで食べることは、ことばを発達させることにつながります。

　運動機能の発達……発話は舌や口唇や声帯などの細かな筋肉の運動の組み合わせです。はいはいをする時にしっかりと前を向いて力強くはう運動をした乳児は、肩や首の筋肉の育ちも良く、発声・構音器官も発達していきます。足と手の運動機能の発達は、大脳の「言語中枢」の発達にも重要な役割をもっていると考えられます（図70参照）。

　認識力の発達……ことばの理解は、人との楽しい経験の積み重ねの中で生じるコミュニケーションによって進んでいきます。「楽しい・うれしい・おもしろい」ことばは、「もっと」「もう１回！」聞きたいという要求を生み出します。模倣しているうちに、子どもたちのことばへの認識力も高まっていきます。

図70 大脳とことば

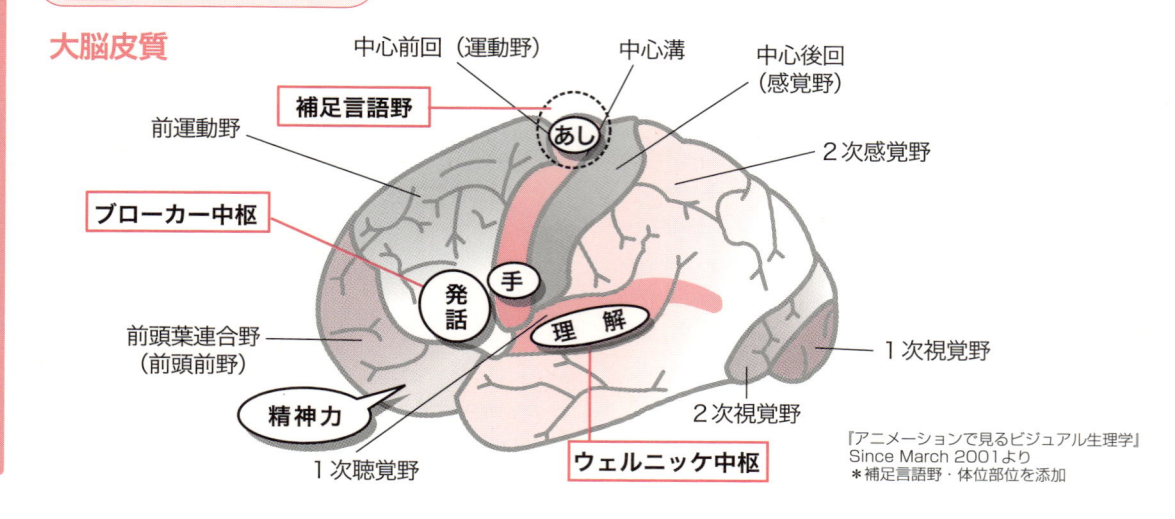

大脳皮質

- 中心前回（運動野）
- 中心溝
- 中心後回（感覚野）
- 補足言語野
- 前運動野
- あし
- 2次感覚野
- ブローカー中枢
- 手
- 発話
- 前頭葉連合野（前頭前野）
- 理解
- 1次視覚野
- 精神力
- 2次視覚野
- 1次聴覚野
- ウェルニッケ中枢

『アニメーションで見るビジュアル生理学』
Since March 2001 より
＊補足言語野・体位部位を添加

70 大脳の働きとことばの発達

●ことばの発達と脳の発達の関係

図70を見てください。ヒトの大脳は、それぞれその働きを担当する場所がある程度決められています。これを大脳の「機能局在」といいます。ことばに関係する働きをもつ大脳の「言語中枢」もあらかじめ予定されています。

しかし、その予定された場所に何らかの不都合が生じた場合には、予定地を変更して、別の場所に作ることもあることが分かっています。いずれにしても、言語中枢は最初から完全な形で機能するように作られているわけではありませんので、成長過程でその機能を発達させながら作っていくものであると考えた方が適切だと思います。

これは、手指が最初から器用に働くように用意されているわけではなく、目的をもって何度もくり返し手を使っていくなかで器用に育ち、そのことが手指の働きを担当する大脳の「運動野」と「感覚野」をより発達させていく過程と似ています。

●手と足と脳の関係

言語中枢といわれているところは主として3つ考えられています。

「ウェルニッケ（Wernicke）中枢」……聞いたことばを理解するところです。

「ブローカー（Broca）中枢」……ことばを発するのに関係しているところです。

「補足言語野」……ことばをリズミカルに発するのに関係しているといわれています。

さらに、ことばを話している時は、脳のある一部分（言語中枢）だけが働いているのではなく、その人の人間性を形成している「前頭葉連合野」も大きく関与しています。

●言語中枢と運動野の位置が隣接

ここで注目したいのは、「ブローカー中枢」は手の働きを担当する運動野に隣接していて、さらに「補足言語野」は足の働きを担当する運動野と重なるように位置しているという点です。手が働いている時や、足腰を使って運動している時には、その周辺部分の脳の働きも活性化されて働きやすい状態になっていることが考えられます。

1歳を過ぎる頃、はいはいを経て歩行を上達させながら、移動の手段から手が解放されていきます。手が独自の働きをもち始めた幼児が、ことばを徐々に話し始めていく過程は、言語中枢と運動野の位置の隣接が関係しているのかもしれません。

図71 ことばの発達の順序性

月例の目安	言語発達の特徴	その他の発達のポイント
生後2週間～	共鳴動作	向かい合ってみつめる
1～2カ月	生理的快の笑い	あやす……注視力
3～4カ月頃	おはしゃぎ反応・人との関係で笑いの出現 「アー・ウー」の喃語	首のすわり……発声力 快と不快の情緒の発達
6～9カ月頃	いろいろな喃語・ケラケラと笑う（笑いや喃語の交換） ↓ 模倣喃語「マンマンマン……ネンネン……」	寝返り・回りばい・後ばい 膝つきはいはい→お座り 模倣力の萌芽
9～13カ月頃	有意味語→一語文 発声・発語の意味付け	指差し・言語理解・自律性の萌芽 「ちょうだい」→「どうぞ」 高這い→立つ・離乳
13カ月～2歳頃	一語文→二語文→多語文（構文獲得初期）	歩行の開始・手独自の働き 自律性の拡大
2～3歳 3歳以降 4歳後半～ 小学校低学年	会話 対話 （構文獲得中期） 内言の自己統制機能 仲間との話し合い 自治力へ 	・歩行力の充実 ・道具の使用 ・自立性の萌芽 ・生体の生活リズムの獲得 ・運動の巧みさ ・直立と直立状二足歩行の獲得へ

認識力・思考力　自律性　楽しい関係　表現力　自己肯定感・自信

71 ことばの発達の土台 噛む力と呼吸の力

●発声しやすい口の構造

　ヒトは、食事のための器官であった口（歯・舌・あご）と呼吸のための器官であった咽喉（いんこう）や肺を使って発声します。ヒトの口腔は他の動物とくらべるととても広く、咽喉は長くて太い声帯をもっています。また、舌は口の中で自由に左右前後によく動きます。その上で、呼気（息を吐く）を小刻みに調節しながら、同時に音を作りながら発音しているのです。ことばは、とても精巧な微細な筋肉運動の結果で、その土台に食べ物を噛む力と、呼吸の力があります。

　後期離乳食の頃（9～11カ月頃）になると、「タカイ　タカイ」などで揺さぶり遊びをすると「ケラケラ、キャッキャキャッ」と大きな声で長く笑えるようになります。噛む力が育ち始め、呼吸する力が強くなることによって、いろいろな音を出しながら、次第に模倣喃語（もほうなんご）から有意味喃語を話すようになっていきます（図71参照）。

●噛む力と話す力の関係

　食べ物を前歯で噛みちぎって、舌で奥歯に砕いた物を乗せながらにさらに細かくすりつぶして飲み込みやすい状態にしていく一連の運動であるそしゃく力は、大きいもの・硬いもの・繊維質のものをよく噛んで食べることによって、舌の働きをいっそう良くしていきます。私たちは、舌を動かさないでことばを話すことはできません。

●発声のトラブル

　近年、あごの形が細い子どもや下あごが小さい子ども、あごが細いために永久歯がきれいに生えず歯並びが悪い子どもがたくさんいます。その一方で、発声を観察していると、舌っ足らずで「さ行」「ら行」が正しく発音できず「ひずみ音」になっている子ども、早口ことばが言えない子ども、語尾を伸ばして一息つきながら話す子どもなど、滑らかに話すことができない子どもが増えているように思います。そしゃくと呼吸の力の弱さが現われた状態です。何でもよく噛んでおいしく食べる力、からだを動かしながらよく笑う力、息を弾ませながら動き続ける呼吸と運動の力を育てていきましょう。

図72 認識力と手の働きの育ちのめやす

月例の目安	認識力の発達の特徴	その他の発達のポイント
生後2週間〜	話し声に反応する	腹ばいにすると首を少し持ち上げる
1〜2カ月	動いている人や物を注視する	手におもちゃを持たせると持つ→放す
3〜4カ月頃	音のする方へ振り向く	おしゃぶりなどをよくしゃぶる
6〜9カ月頃	人見知り（親しい人を認識して区別する） 隠された物の位置を記憶してそれがある方を注視する ジェスチャーの意味がわかり始める。	手を差し伸べて物をつかむ 寝返り→回りばい→後ばい→膝つきはいはい
9〜13カ月頃	指差し・言語理解（「ママどこ？」「バイバイ」など）	右⇔左に物を持ち替える 親指と人差し指でピンセット状のつまみ
13カ月〜2歳頃	発語⇔発話 人・物の名前・簡単な指示を理解し行動する	積み木を積む スプーンやフォークを持って食事をする 簡単な手遊び歌を真似する
2〜3歳	会話「これ何？」の質問。絵本を理解し楽しむ	円や直線の模写ができる 身辺処理ができ始める。利き手が定まる
3歳以降	対話。「どうして？」。ごっこ遊び 「3」の概念の理解。色の名称の理解	親指と人差し指で環状のつまみ いろいろな道具を使い始める
4歳後半〜	内言の発達。「〜だけれども……する」	箸が正しく使える
5歳以降	一般的な反対概念の理解。1〜10の数の理解 数字や文字の読み書き。劇遊び	三角形の模写ができる

72 認識力とことばの育ち

●ことばのシンボル機能

ものや現象は、すべてことばで言い表されます。ものや事柄に関して一定の「枠組み」を作って、その「枠組み」の中に当てはめることができるものをことばに代表させて言い表すのです。そこには、社会的・文化的な決まりがあります。共通の理解として概念化されたことばを前提にして、私たちはことばを理解し、ことばを話し、ことばによって思考・認識しているのです。これをことばの「象徴（シンボル）機能」といいます。

たとえば、「雨傘」は雨が降った時に使う物です。主に頭部・上半身を雨から避ける用途で、手に持って差して使い、中心に柄があり、それを軸に放射状に8本ほどの骨が広がっていて、その骨の上を水を通さない材質で覆う構造になっています。傘でも折り畳みでも、ワンタッチボタン式でもこの用途と構造の特徴を備えていれば雨傘です。「かさ」をことばとして理解するということは、「かさ」を実際に見なくてもそれを思い浮かべ、その特徴を他と区別して認識するということです。同じ用途でも「かさ」と「カッパ」は形や扱い方が違い、かさは「さすもの」で、カッパは「着るもの」です。

●ことばの遅れ

実物や絵の「かさ」と「カッパ」を並べて見せた場合、ほとんどの子どもは、「かさはどれ？」「カッパはどれ？」「これはなに？」という質問に答えることができます。また、「かさを持って来てちょうだい」という指示にも応じることができます。「かさ」「カッパ」をそれぞれ一応の理解しているように見受けられます。

こうした理解は示しても、ことばの遅れや知的不自由をもっている子どもの場合、ことばだけで類似点や相違点を説明させようとすると、うまく答えられないことが多いのです。「雨」「降る」「外」「お出かけ」「ボクの」「きいろ」「カッパ」などというように、関連事項を思い浮かべて、そのことバラバラに言ったり、あるいは身振りを交えて傘を差すまねやカッパを着るまねをして見せる場合もあります。

●体験とことば表現

かさとカッパの違いをそれに関連した形態や動作の違いを理解して自分のことばで説明するためには、実際に何度も使った体験が不可欠です。かさ、カッパを使った時の動作や使った時の状況などの実感が頭の中に想起されることが必要で、そのうえで、それがことばとして表現されるのです。かさを差せ

図73 ことばの働き

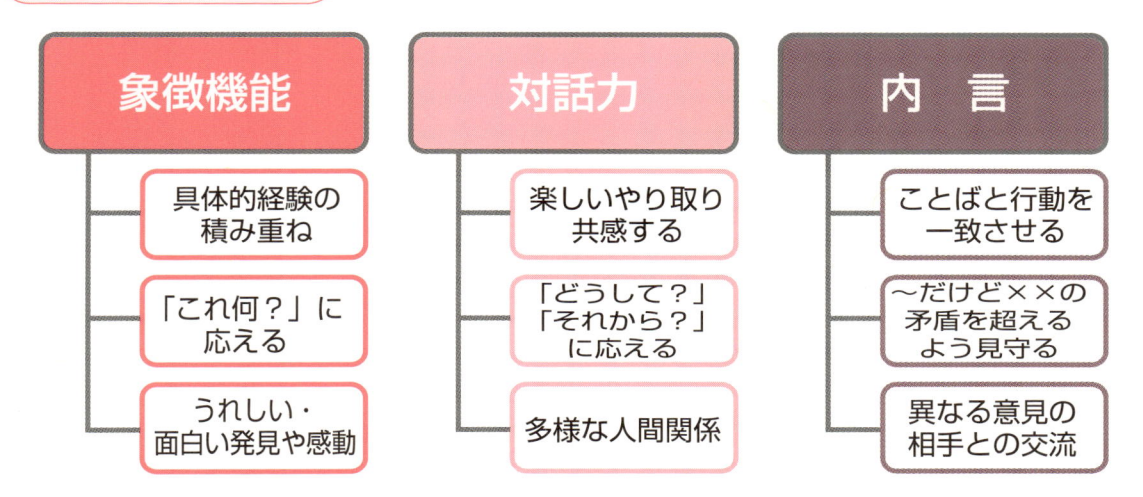

- **象徴機能**
  - 具体的経験の積み重ね
  - 「これ何？」に応える
  - うれしい・面白い発見や感動
- **対話力**
  - 楽しいやり取り共感する
  - 「どうして？」「それから？」に応える
  - 多様な人間関係
- **内言**
  - ことばと行動を一致させる
  - 〜だけど××の矛盾を超えるよう見守る
  - 異なる意見の相手との交流

ない子、かさを閉じることができない子、かさを振り回す子、カッパを一人で着脱できない子、カッパが濡れていても平気でしまおうとする子など、かさやカッパが適切に使えない子どもには、「かさってなに？」の質問に自分のことばで適切に説明することは困難でしょう。

●**実感して理解が深まる**

かさとカッパの違いを、大人のもっていることばと知識で子どもに教えようとしても、とりわけことばに未熟さや遅れももつ子どもには理解しにくいようです。耳からの刺激としてことばで理解するのではなく、実際に自分のからだと手を動かして、物を変化させてみて、その中で実感をもったことが印象として残り、ことばの概念を作りあげていくのです。

ヘレン・ケラーが水を実際にさわることによって「水（ウォーター）」ということばを覚えたという逸話もあります。ことばの概念化が不適切あるいは不十分であったり未熟であったりすると、ことばのもつ「象徴」機能がうまく果たせません。

ことばで説明や表現することができたり、実際の場面に応じて正しく行動に移すことができたりすることが、「本当に理解している」ことを示します。ふだん使っていることばでも、そのことばのもつ概念を正しくとらえていないことが意外とあるものです。すると、ことばで思考したり認識したりする力にも弱さを生じやすくなります。また人とのコミュニケーションにも不都合が生じてくるようにもなります。

73 対話力・内的言語の発達

●**一語文から発話力の育ち**

幼い子どもが「ワンワン」といえば、たいていの親は「ワンワン怖くないのよ」とか、「犬のところに行きたいのね」などと応ずるでしょう。年長者は、子どもとの関係やその場の状況で、子どもが自分に何を伝えようとしているのかがわかります。

相手が発したことばが一語であったとしても、そのことばを聞きその意味を理解して、相手が何を要求しているのかを察しさえすれば、コミュニケーションが成立します。

子どものことばの発達は、「ワンワン」という一語文から、「カーサン、ワンワン」という二語文へ、そして「カーサン、ワンワン、キタ」という三語文へ、さらに「お母さん、大きい犬が向こうから来たから、ぼくは怖いよ」というように助詞や接続詞などを使いながら、自分の思ったことをより正しくよ

り詳しく表現して、誰にでも適切に伝えられる発話力の獲得の過程をたどっていくことが大切です。いつでも誰にでも理解されて伝わることばは、言語としての秩序や体系をもっています。

● 対話する力の発達

　そうした発話は、やがて「対話」になっていきます。対話によって自分（あるいは相手）の思考や認識が深まっていきます。人が言ったことばに対して自分なりに解釈して相手とは違う表現でことばを返して話を続け、理解できないことに対しては聞き直したりなどして自分の考えやとるべき行動を整理していきます。大人同士でも、感情的になったり一方的になったりして「対話にならない」ことがしばしばあります。

　子どもに対話する力がついてくると、大人が言ったことばに対して納得がいかない場合には、それに反対するようなことばが返ってくるようになります。それはただ単に「イヤ！」とか「ちがう！」などの否定的な単語ではなく、相手を納得させるためのその根拠となる理由付けのようなことばを、その場に応じて自分で捜し出して返してくるのです。

　そんな時大人は、子どもの思いもよらぬ反論や質問に意外性や戸惑いを感じることも多々あるでしょう。しかし、子どもの認識力の育ちやその場の状況に応じて、子どもにもわかることばでていねいに話をしてください。そうすることによって、子どもが納得できたり、お互いの気持ちが理解し合えたりします。対話を通して豊かな人間関係を築くことができます。

● 内的言語の重要性

　さらに、言語発達において重要視しなければならないのは、内的言語（内言ともいいます）による自己統制としてのことばの働きを育てるということです。内的言語とは、音声を伴わない自分自身のための言語であり、実際に音声にして現わすことはしないで、自分のこころのなかで留めます。主として自分のとるべき行為のコントロールとしての機能を果たします。

　内的言語は、対話を自分自身と向かい合う「自己との対話」と似ています。「自己との対話」は自分のとるべき行動を導き出すための思考過程ですが、内的言語は自己との対話の結果によって導き出された行動に移して自己変革していくための足掛かりとなる自分自身へのメッセージです。自分自身に発せられたメッセージは、ある時は問いかけや問いかけに対する答えであったり、自分を勇気づけたり、またある時は気持ちを落ち着かせたり、というようにさまざまな働きをもちます。

● 内的言語はこころの現われ

　内的言語の働きの未熟な子どもの場合は、自分に向けた内的言語を外言として他の人にも聞こえるように音声化してしまうことがあります。しかし、これは、他の人に発信していることばではありません。子どもが自分を奮い立たせるために「だいじょうぶ！　よーし！」などとつぶやきながら、一生懸命に何かに取り組もうとしている姿に出会うことがあります。また、「○○だから、だいじょうぶ！」「次は○○して……」と、思考過程が見え隠れする場合もあります。自分自身と懸命に向かい合って行動に移そうとしているこころの現われです。

　「強く思いながら……」「自分にいい聞かせたつもりだったが……」とか、「言うこととやることがチグハグ」ということもあるかもしれません。この場合、内的言語による自己統制機能の未熟さだけでなく、意思や思い入れの強さなども関係してきます。

　ですから、周りの年長者は、それを責めたり、笑ったりすることなく、場面に応じて補うようなことばかけをしたり、黙って見守ってあげるとよいでしょう。

図74 精神力＝人格性

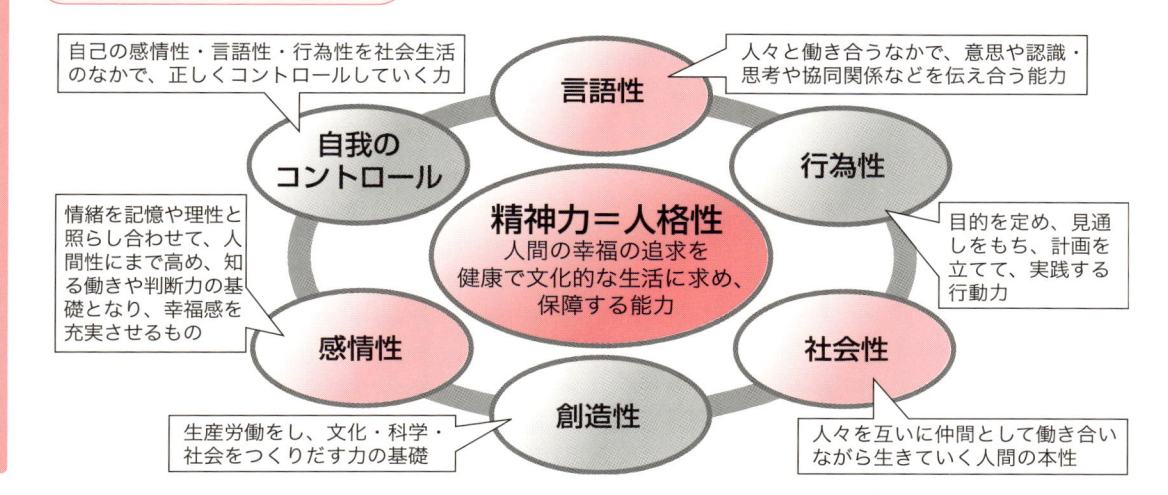

- **言語性**：人々と働き合うなかで、意思や認識・思考や協同関係などを伝え合う能力
- **行為性**：目的を定め、見通しをもち、計画を立てて、実践する行動力
- **社会性**：人々を互いに仲間として働き合いながら生きていく人間の本性
- **創造性**：生産労働をし、文化・科学・社会をつくりだす力の基礎
- **感情性**：情緒を記憶や理性と照らし合わせて、人間性にまで高め、知る働きや判断力の基礎となり、幸福感を充実させるもの
- **自我のコントロール**：自己の感情性・言語性・行為性を社会生活のなかで、正しくコントロールしていく力
- **精神力＝人格性**：人間の幸福の追求を健康で文化的な生活に求め、保障する能力

74 精神力 人格性を育てる

●前頭葉の働き

ヒトは他の動物と比べものにならない「前頭葉」というすぐれて発達した脳をもっています。とりわけ前頭葉前野（図70参照）は、精神力の座といわれ、その人の人となり、つまり、人格性を形成しているところです。精神力とは、より良く、より幸せに生きていこうとする人間の権利を追求していく原動力です。河添邦俊先生は、精神力についての5項目をあげて説明しています。私は、先生の項目に「自我のコントロール」という要素も入れて考えてみたいと思います。

●**言語性**……社会生活をするには、意思や認識・思考や協同関係などを伝え合う能力が必要です。コミュニケーション能力、思考・認識力、判断力、さらには、意思の決定を経て行動をコントロールしながら遂行していく、内的言語による自己統制機能の力を高めていくことが大切です。

●**行為性**……目的を定め、見通しを持ち、計画を立てて、実践する行動力も人間だけがもつ能力の1つです。その日その日の過ごし方だけでなく、翌日のこと、1週間後、あるいは数ヵ月、1年に渡って目標を立て、その目標達成のためにはどういう見通しをもちながら計画を立てればいいのか考えることができます。そしてその計画に基づいて実践していく意思と行動力の強さです。

●**社会性**……私たち人間は、生活と労働を仲間と共に助け合いながら営んでいます。それが人間の本性です。

●**創造性**……文化・科学・社会を創り出す力の基礎となるものです。私たちは、より豊かな日々の暮らしと社会を創っていくために、過去の歴史を振り返ったり、過去の文明を土台としながら、さまざまに創造性を発揮して人類社会を発展させてきました。

●**感情性**……感情は、知る働きや判断力や言語性・行為性・社会性・創造性・自我のコントロールに強い影響を与えます。情緒や意欲・欲求の中枢は、中脳・視床下部・大脳辺縁系にあり、前頭葉前野との結びつきも非常に深いものです。

●**自我のコントロール**……自己の感情性・言語性・行為性を社会生活のなかでコントロールしていく力です。私たちは社会生活を営む上で、また幸福を追求していく時にさまざまな矛盾や葛藤、他者との意見の相違が出てきます。そうした際に、自他ともに変革が必要になってくる場合もあります。自我のコントロールをしながら自己実現に向かって、適応と変革は生きているかぎり求められる能力です。

図75　2つの自律性と自立性

自律性（個人の育ち）
- できることを増やしながら、できることは自主的に行ない、できないことは援助を求める力
- 良いこと悪いことの区別や判断
- 生活の自律性や規律性（早寝・早起き・食事など身辺の自律）

自立性（集団のなかでの個人の育ち合い）
- 集団のなかで自分の取るべき態度や役割を自覚して行なう力
- 集団のなかでの模範力や指導力……リーダーシップ
- 人間関係を読み取る力

個人の尊重と民主的な仲間集団

自治力
- みんなで決めて、みんなでやる
- 仲間と決めたルールを守る
- 助け合う
- 仲間外れをしない

75　ヒトとしての能力
社会・集団の中で自律性と自立性が育つ

●**自律性と自立性**

　子ども一人ひとりが個人レベルで獲得しながら判断していく力を自律性、集団の中で自分の役割りを自覚し、仲間と共に育て合う力を自立性と呼んでいます。この個人と集団の関係のなかで育っていく2つの力を最大限に高めていくよう発達を保障していくことが大切だと考えています。

　自律性の芽生え……歩行や立ったり座ったりと、姿勢や移動が自由になった子どもは、手の操作性を獲得していき、自分でできることをどんどん増やしていきます。その一方で、物事への興味や関心の高まりとともにことばの理解力と発話力も高まって、わかることが増えていきます。できることやわかることが増えてくると、子どもは時に、「自分でやる」と言い張り、大人を困惑させるような場面も出てきます。

　自立性……自立性は3歳以降、集団での活動が始まる頃から育ち始めます。この育ちの現われは、子ども同士で「○○ごっこ」の遊びをする時の姿によくみられます。子ども同士でやりとりをして役割を決めて遊んだり、子ども同士で助け合ったり、時にはケンカをしたりします。友だち同士で遊びながら、さまざまなことを真似し合ったり競い合ったりして、学び、育ち合っていきます。自律性も自立性も育ち始めるのは早い時期からですが、私たちは一生を通じてこの力を拡大していきます。

●**子ども同士で遊ぶには自立性が必要**

　ここで、着目してほしいのは、集団に入っただけで子どもたちが育ち合うことができるわけではないという点です。子ども同士で遊ぶことよりも、まだ大人と遊びたいと強く望んでいるという状態の時には、ただ子ども集団にいるだけでは、子ども同士で育ち合う関係を作ることがむずかしいのです。

　運動・ことばと認識・コミュニケーション能力などがある程度集団のなかで発揮できない状態の子どもには、「みんなと一緒に遊ぶと楽しい」とは感じられません。言い換えると、できることやわかることを増やしながら自分で判断して行動していくという自律性が育っていないと、集団と自己との関係のなかで育ち合う自立性はうまく育っていかないということです。

●**自己認識と内言を形成する**

　集団活動を通していっそう自律性と自立性を高めながら、子どもは、自分が存在するのと同じように他人も存在することを理解し、自分と他人の違いも認識するようになります。それが「自己認識」です。

図76 自律性の育ちの現われ方

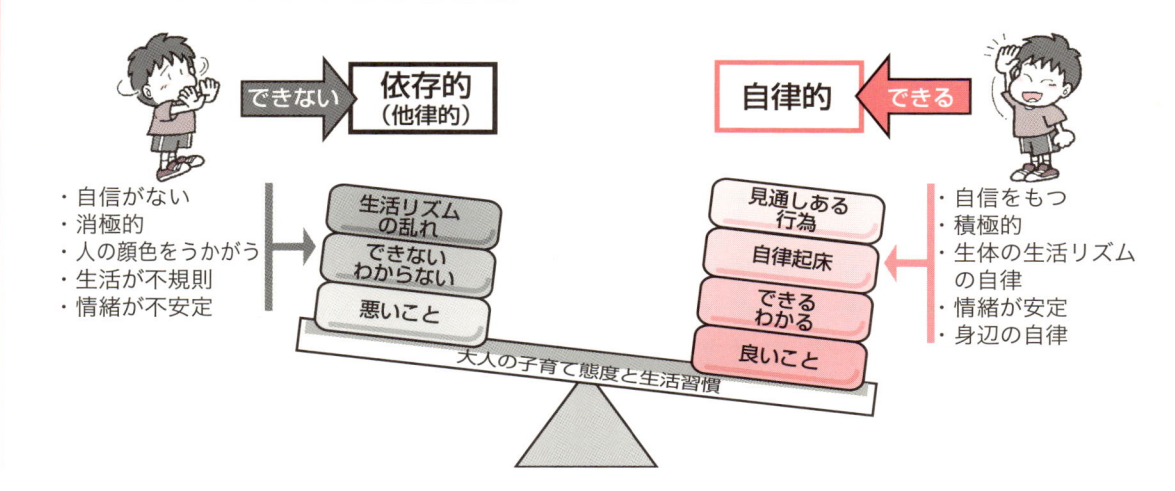

できない → **依存的（他律的）**
・自信がない
・消極的
・人の顔色をうかがう
・生活が不規則
・情緒が不安定

→ 生活リズムの乱れ／できないわからない／悪いこと

自律的 ← できる
・自信をもつ
・積極的
・生体の生活リズムの自律
・情緒が安定
・身辺の自律

← 見通しある行為／自律起床／できるわかる／良いこと

大人の子育て態度と生活習慣

「〜だけれども××」という自己矛盾や葛藤を乗り越えて、いまの自分を向上させようとしたり、他人を認めたり、助け合うような姿が見られるようになります。その際、内言の発達は、自己の行動や感情をコントロールするうえで大きな役割を果たします。遊びの内容によっては、リーダーシップを発揮する子どもも現われていきます。そうした力は、やがて仲間や友だちとやろうと決めたことは最後までみんなでやろうとがんばり合い、みんなで決めた約束やルールは守っていき、自分たちのなかで起きた問題は自分たちで解決していこうとする自治力の育ちへとつながっていきます。自治力の育ちは、どの子も仲間として排除することなく育ち合っていく、民主的な集団形成において大切です。

76 子どもの依存性と自律性

●初めは未熟な自律性

子どもが興味をもってやろうと試みることを、大人は喜びながら見守っていきます。しかし、子どもの力ではできないことや、途中でやり方がわからなくなったり、あきらめてしまったりすることもあります。また、子どもの判断は間違っていたり、不十分だったりします。自律性の芽ばえは、一人でできることが始まった時からですが、できることやわかることが増え始める1歳代からです。歩行や立ったり座ったりと、姿勢や移動が自由になった子どもは、手の操作性を獲得していき、自分でできることをどんどん増やしていきます。

●大人の援助

自分でしたいという自律性が芽生えてきた時、大人が子どもの力を十分に認めながら適切な援助を加えていくと、子どもは「わからないところは教えてもらおう」「できないところは手伝ってもらおう」という気持ちになります。大好きな大人と一緒にやったことならば、子どもは大人に教えてもらったり手伝ってもらったりしながらも、「できた」という満足感を得られるものです。こうした満足感や喜びは、「もう1回」という気持ちを育てます。大人の適切な援助はとても大切です。援助した成功体験をくり返していくうちに、成長の過程を見きわめながら大人は子どもに対する援助の手を少しずつ少なくしていけばいいのです。

●ほめすぎにも注意

そして、できるようになったことについては、いつまでもほめ続けたり手伝ったりするのではなく、「できることは自分でやるのが当たり前」という、

お互いに自律した関係をつくっていくことも必要です。まだ子どもがやっていることに時間がかかる場合でも「できるまで待つ」、子どもに不充分な点やわからないところがあった場合には、「とりあえず、子ども自身に考えさせてみよう」という、少しあいだを置いた態度が子どもの自律を促します。そうしたうえで、必要最低限の援助をしていきます。

● 人に頼る時もあっていい

　自分の力では問題に対してどうすればいいのかわからない時やできない時は、「教えて（ください）！」、あるいは「手伝って（ください）！」などと、人に援助を頼むことができる力も必要です。「自律性」とは、できることは自分でやるけれども、どうしても自分の力だけでは難しいことについては素直に人に助けを求め、それに従うことができる力をいいます。

　人は誰でもできることとできないことがあります。何でも一人でできてしまう人はいないのです。だからこそ人は仲間集団をつくって、お互いに助け合って生きているのです。「できないこと」や「わからないこと」は、決して悪いことではないのです。できないから手伝ってもらいながらできるように努力していくし、わからないから教えてもらって少しずつわかるようになっていくのです。ただじっとその場に立ちすくんでいただけでは、その人が「何に困っているのか」、周囲の者も気づかない時もあります。仮に気づいて「どうしたのですか？」と問いかけても、「何をどうして欲しいのか」について答えてくれなければどうすることもできません。

　さらに加えて、ヒトとしての生体の生活リズムが身につき、規律性のある生活態度が身につくことも自律性の内容に加えて考えたいと思います。

図77 自立性の育ちに必要な力

一人ひとりが

- 自律性の育ち
- コミュニケーション能力の育ち
- 模範的な行為をする力
- 規律的な行為をする力
- 役割を果たす力
- 役割を自覚する力

→ 自立性の育ち

77 自立性の育ちに必要な力

●仲間の中で一緒に育つ子ども

ヒトは社会的な動物であり、本能として「集団欲」(仲間と一緒にいたいという欲求)をもっているといわれています。育ちに弱さをもつ子どもや障害をもっている子どもに対しても、その子どものできることを増やしながら自律性を育てていく一方で、子どもの能力を発揮できるような形で仲間と関係をつくる自立性を育てることが大切です。子ども集団は、その集団がもっている能力の可能なかぎりにおいて、育ちに弱さをもつ子どもや障害をもつ子どもも仲間として受け入れる集団であることが望まれます。

●自立性が育つためには

自立性はつぎのような力が備わっていくことが必要です（図77参照）。

自律性の育ち……自分でできることは自分で判断して行なっていく力の育ちが必要です。できることやわかることが少ないとその集団の活動に積極的になれず、楽しめません。

コミュニケーション能力の育ち……自分とは違う意見をもつ相手とも対話をしていく力が必要です。対話を通してお互いを認識し合い、一緒に楽しめることがたくさんあります。また、意見の違いを相手あるいは集団との対話によって、そして、自己との対話によって矛盾を乗り越えていくと、個人の精神力だけでなく、集団の自治力も高まっていきます。

役割を自覚し、果たす力……集団活動においては、目的を達成するために合理的な組織活動が行なわれます。活動内容によっては、一人ひとりが異なる役割を分担し合うこともあります。目的の認識と共に、集団の一員として自分は何をしたらいいのか、何ならできるのか、何をしなくてはならないのかを自覚できることが大切です。そして、目的達成のために自分に与えられた役割は、最後まで責任をもって果たすことが要求されます。

規律的な行為をする力……みんなで共通する目的をもって活動をするためには、約束やルールが必要です。約束やルールを理解して、それを守りながら活動していく規律ある行為も大切です。

模範的な行為をする力……自分の得意とすることや好ましいと思うこと、さらには、その場の状況で必要とされる言動は率先して行ない、仲間に模範的な行為として示していきます。自分が正しいと思ったことや、したほうがいいと思ったことは、自信をもって行動し、表現していく力も重要です。

図78 お手伝いの効用

- 自律性が育つ
  できる事とできない事を判断して行なう  
- 自立性が育つ
  家族の一員として自覚や自信が育つ
- 手の働きと認識力が育つ
  道具の使用性が高まる  
- 家族のコミュニケーションが高まる

78 家族としての役割りを与える

●大人の手伝いで身につく力

　子どもは、大人の生活や仕事を手伝うことにより、大人のしていることを真似して、できることを増やしながら、見通しある行動や判断力やさまざまな認識力を身につけていきます。さらに大人と一緒に行なう生活や家事労働に関する目的をもった共同の活動は、子どもに家族の一員としての自覚や自信をもたせます。

　子どもは、「自分も家族の一員として役に立ち、また役割を果たし、家族に認められている」という自分の存在意義（自己肯定感）を、家族に見守られながら少しずつ認識していくのです。自律性や自立性は、そうした家族との関係の中でいっそう育ちやすくなっていきます。

●手先の器用さや創造力を育てる

　生活や仕事への参加は、人間の特徴の１つである「ものを変化させて生産していく『て』の働きと創造性を育てる」という、生産労働の基礎的力ともなっていきますから非常に重要です。たとえば、料理などでは、調理器具の使い方から、切る、こねる、つぶす、混ぜるなど、頭で考えただけではわからない事を、実際に手で作業することによって、つぎの手順が見えてきます。

　また、算数の基礎となる大きさ、長さ、高さ、重さなど、形、量、順序、直観的把握による１～５までの数の概念、１対１対応などは、実際に見て、物を扱って、変化させて、実感としてわかることをくり返し積み重ねていくことと、それをことばとしてシンボル化していくことによって理解していくものです。

　たとえ数的な処理方法をおぼえたり、ことばでどれだけもっともらしいことが言えても、実際の生活の場面で行動に移せて役立てることができなければ何の意味もありません。

●大人を真似ていろんなことを身につけよう

　大人の活動に参加する手伝いは、子どもにとって工夫や発見の連続です。一人では、あるいは子どもたちだけでは難しいことも、大人に教えてもらいながら手伝うことはできます。家事労働の手伝い活動を、楽しい生活の一部として習慣化していくと、一日の生活リズムや流れを理解し、見通しある行動ができるようになります。

図79 自治力の育ち

みんなで

- 自律性の育ち
- 自立性の育ち
- 向かい合う力の育ち
- 違いを認め合う力
- 助け合う力
- 最後までやりぬく力
- 集団の組織力

自治力の育ち

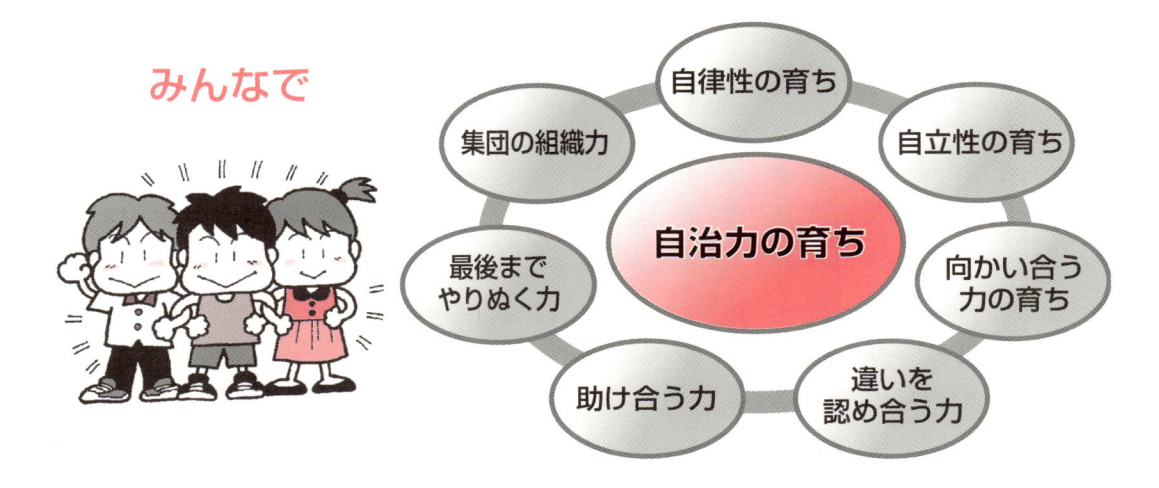

79 自治力の育ちに必要な力

●仲間と折り合いをつける

　仲間と一緒に活動していくためには、仲間と向かい合うことが必要です。一人ひとりの自律性も自立性も未熟な子ども集団ですから、いつでも楽しく仲良く活動できるわけではありません。やりたいことが異なったり、競い合ったり、思わぬことでケンカになったりと、「自分がやりたい」という思いだけではうまく遊べない時もあるのだということを経験していきます。

　自分が自己主張するのと同じように他の子どもも主張していて、双方の意見に食い違いが起きた場合はどうしたらよいのでしょう。他の意見を聞き入れて、自分の主張を退けて気持ちを切り替えることができるでしょうか。その時の自分の思いが強ければ強いほど、簡単にはあきらめられないでしょう。言い争いになったり、一度は自分の意見を退けたものの、相手の意見に納得するまで時間がかかったりするかもしれません。

●客観的なものの見方を習得する

　こうした問題が起きた場合、対話ができるようになった子どもたちには、できるだけ子ども同士で話し合いができるような集団を組織していくことが大切です。自分とは違う意見の相手と対話をすることをくり返し積み重ねていくと、いろいろな人がいてそれぞれに考え方も感じ方も異なることに気がついていきます。人間関係の多様さと対話の豊かさは、相手の立場や気持ちになって考えたり、自分の思考もいろいろな側面から考えたりできるような力も高めていきます。

　やがて、自分自身と対話するようにもなります。自己との対話とは、「自分ともう一人の自分」を対話させながら思考していくことです。自己との対話が深まっていくと、「○○だから△△」という論理だけでなく、「○○だけれども××、だから△△」というように、自分を客観的に見て、目指したい自分とそうではない現実の自分の間で起きる矛盾を乗り越え、自分をより高めていく自己変革の姿も芽生えていくようになります。

●自治力

　内的言語が発達していくと、仲間との向かい合いだけでなく、集団の目的や過去（昨日の自分）や未来と向かい合う力も育ち始めます。すると、子ども同士の向かい合いもいっそう内容が深いものになって、やがて、子どもたちの間で起きた問題を「自分たちの仲間の問題」としてとらえることができるようになって、「自治力」が育つ土台作りが始まります。

自治力とは、その集団のなかで起きた問題を、問題を起こした人たちだけでなく自分も含めた仲間内のこととしてとらえ、自分たちで問題を解決していく力です。それは、集団の組織的な対応によって解決する力で、仲間との話し合いで合意して、集団の意思決定として目的を達成するまで、最後まで実行していくことをいいます。一人ひとりの自律性と自立性の育ちと、精神力の育ちがその集団の力を高めていくことは言うまでもありません。その一方で、集団が仲間外れを出さないで、互いに助け合いながら最後まで一緒にやりぬく努力によって、自治力と共に個人の育ちをいっそう高めていくという視点も大切です。

第4章

発達の理論を軸にした保育

図80 遊びの発達の道すじ

愛撫期（乳児期）……大人に守られながら育つ	
あやし遊び期（〜6カ月頃）	ゆさぶり遊び期
大人にあやされて目を見て笑う	大人にからだを動かしてもらいながら遊ぶ

自律期（1〜2歳代）……自分でできることが増える	
手伝い遊び期	並行遊び期
大人の真似をしながら遊ぶ	大人の仲立ちで他の子どもと遊ぶ

自立期（3〜5歳代）……仲間とともに育つ	
ごっこ遊び期	劇遊び・役割遊び期
子ども同士でイメージを共有しながら遊ぶ	子どもたちで組織的に遊ぶ

80 誕生してから乳幼児期の遊びの発達

●愛撫期の遊び

乳幼児の遊びは「あやし遊び期」「ゆさぶり遊び期」へと発達していきます。誕生から3〜4カ月くらいまでは、まだ遊びの準備期です。授乳の時、大人と見つめ合い、きげんのよい時に抱き上げてはあやすことによって両眼視が育ちます。母乳は、母子の視線が合わせやすい距離で両眼視が育ちやすいだけでなく、スキンシップによる快の情緒の育ちや首のすわりなど平衡機能や抗重力筋を育ちやすくします。また、免疫力が高く、感染症などの病気にかかりにくいといわれています。首がすわってくると、親しい大人と互いに笑いを交換することができるようになってきます。あやすと声を出して笑ったり、周囲の人の動きに興味を示し、一人にされるのを嫌い、抱かれてあやされるのを好むようになります。おもちゃなどを振って見せると、手を伸ばしてくる様子も見られます。

●生後6カ月を過ぎる頃

①あおむけからうつ伏せへの寝返り
②うつ伏せからあおむけへの寝返り、お腹を下にしたうつ伏せの状態で左右へぐるぐる回る
③両手で突っ張って後ろへはい下がる
④両手と両ひざではう
⑤座る

というように運動面の発達が目覚ましくなります。赤ちゃんは親しい大人に「タカイタカイ」など、からだを揺さぶられるとケラケラ笑うようになります。

●自律期の遊び

つぎの自律期は、「手伝い遊び期」から「並行遊び期」へと発達していく時期です。1歳になる頃には、移動運動を獲得するだけでなく、人とのやり取りを通して物への認識力もいっそう高まり、ことばも獲得していきます。抱いて欲しくなると自分からはい寄って来ます。物を手渡しする遊びができるようになったり、バイバイや手をたたくなど簡単な手の模倣ができるようになったりで、かわいらしいしぐさが増してきます。大人と1対1の遊びが中心で、物を手渡し合って遊ぶことによって、見通しのある行為やイメージある交流が進みます。歩き始めはO脚状でヨチヨチ歩いていますが、次第に少しの段差ならば転ぶことが少なくなってX脚状へと発達していきます。

歩く力だけでなく姿勢も良くなり、かがんで手を用い、道具を使っていくなかで、親指と人差し指の器用さが増していくのもこの時期です。遊びも道具を使って大人のしていることを真似している姿がよ

図81 発達の目安表（生後0〜6カ月まで）

	遊びの準備期（0〜3カ月）	あやし遊び期（3〜6カ月）
生活と全体的特徴	・昼と夜の区別がなく、寝たり起きたりの繰り返し ・レム睡眠が多く、睡眠中の「生理的微笑」が現れる ・生理的不快を訴えて泣く	・親しい大人と交流して笑いの交換をする ・体温と排尿にリズム性がみられるようになる ・離乳の開始。夜は次第にまとまって眠るようになる
姿勢と運動	・屈筋優位→伸筋優位 ・乳を飲む構えが育つ ・腹臥位姿勢をとらせると頭を上げようとする	・首のすわり（3〜4カ月）。背が少し平らになる ・両ひじでからだを支えて首をあげる（腹臥位） ・仰臥して脚を上にあげつま先や足首を握る
手の働き	・把握反射→反射が抑えられ手を開く ・抱きあやしてくれる人に向かって手を伸ばす ・手に物を持たせると握っていることがある	・肩甲骨が横に広がり平らに並び、鎖骨も長くなってきて腕の動きがよくなる。腕を前に出し、物を握る ・歯固めやガラガラを手渡すと、振り、口にする
ことばと認識力	・「ウックン」鼻息と発声とを合わせたような声 ・「おはしゃぎ反応」→笑顔や発声力の育ち ・「共鳴動作」→「延滞模倣」	・「アー」「ウー」の母音による喃語。声を出して笑う ・「定位探索反応」。周囲の人の動きに興味を示し、一人にされるのを嫌い、抱きあやされるのを好む
その他	・「生理的斜視」→母親の顔を見つめる（注視） ・追視（物……90度、物と音……180度）	・追視（物……180度）
必要な指導や配慮	○乳を飲む時見つめ合い、機嫌のよい時に抱き上げてはあやす（母乳を大切に） ○機嫌を見て体操やマッサージ、うつ伏せにする ○夜間睡眠に暗闇を保障 ○激しい音や光の刺激（ストレス）を与えない ○皮膚からの自律神経鍛練（沐浴・日光浴）	○家の中では抱いてあやし、外出時はおんぶをする ○毎日時間を決めて「赤ちゃん体操」をする ○あやし遊びながら「歯固め」などのおもちゃを使う ○早すぎる（5カ月前）寝返りには要注意（非対称性緊張性頸反射の強化によるもの）

く見られます。他の子どもが遊んでいる姿にも興味を示しますが、まだこの時期は「並行遊び」で、子ども同士でやり取りをしながら遊ぶことはできません。一緒に遊ぶには大人の仲立ちが必要です。

● **自立期の遊び**

子ども同士の関わりが遊びの中心となる「自立期」は、「ごっこ遊び期」から「劇遊び・役割遊び期」へと発達していきます。子ども同士でイメージを共有し合いながら「ままごと」や「乗り物ごっこ」や「お店屋さんごっこ」などをして楽しむことができるようになります。「ごっこ遊び」がだんだん複雑になっていって、役割が多様になり遊びの内容にストーリー性が出てくると、表現力や創造力の育ちと共に、次第に絵本などの話を再現して、劇のようにして遊べるようにもなります。子どもたちだけで話し合って、役割を分担し遊びを工夫する組織立った姿も見られますが、まだ子どもたちだけで問題を解決する力は弱いので、適切な大人の援助が必要です。

81 脳の発達準備
0歳から歩き始めるまでの子育て（1）

● **成長の過程で発達する脳**

生まれたばかりの赤ちゃんの大脳はまだ十分に働いていません。耳は聞こえていますが難聴の状態ですし、視力も弱視の状態です。言語中枢も、それが作られる予定地のようなところがあるだけです。大脳は、刺激を受ける経験を積むなかで働くようになり、記憶されてまたより良く働くようになっていくのです。

一方、脳幹部と大脳辺縁系は、生まれた時からある程度働いています。生命を維持しながら育っていくためには、脳幹部と間脳・大脳辺縁系はなくてはならない働きを担っているからです。脳は生命維持に必要な脳幹部→間脳→大脳辺縁系→大脳へと順に育っていきます。子どものうちはとりわけ、脳幹部と間脳、大脳辺縁系などの「命を守り育てる脳」をしっかりと育て、大脳がうまく働くことができる状態をつくっていくことが大切です（図03、図04参照）。

● **ことばを発する準備**

赤ちゃんにとって、立ち、歩くための準備として、首がすわり、寝返りをする、はうなどの運動発達が重要なことは、見た目にもわかります。乳児期から幼児前期、ことばを発するために赤ちゃんはたくさんの準備をしています。ことばの準備期に、ヒトとしての生体の生活リズムと脳の発達を土台にしながら、それに加えてつぎにあげる力を育てる必要があります。

①大人と向かい合って目を合わせて交流する力
②親しい大人と向かい合って笑い（笑顔と笑い声）を交換する力
③きげんの良い時に喃語（なんご）によって声を出して、相手に話しかける力
④笑う、泣く、運動することによる、呼吸力と発声力
⑤食事や運動することによる、そしゃく力と構音力
⑥親しい大人に楽しく向かい合って、「遊びたい」と要求する力
⑦楽しく遊んでいく中で、大人の簡単なまね（模倣）をする力
⑧日常生活の中での場面に応じた簡単なことばを理解する力

　赤ちゃんが母親に抱かれて目と目を合わせることや、機嫌の良い時にうつ伏せにすると頭を床からぐっと持ち上げて首を起こそうとすることや、何度も抱きあげてあやしてもらうことなどによって、ことばの準備となる力が積み重なり育てられていきます。

● **ことば以外で気をつけたいこと**

　誕生から生後半年くらいの間に、昼と夜の区別がつくように、赤ちゃんが起きている時はゆったりとした気持ちであやし、眠っている間は暗闇と静けさをできるだけ保障します。そして、赤ちゃんが訴える不快に対して、不快を取り除き、生理的欲求（お腹が空いた、オムツがぬれた、眠いなど）を満足させるだけでなく、人との関係で快の情緒が作れるようにたくさんあやして、赤ちゃんが笑うことが多くなるように育てていきます。

図82 発達の目安表（生後6カ月～1歳頃まで）

	ゆさぶり遊び期（6～9カ月）	手伝い遊び前期（9～13カ月）
生活と全体的特徴	・大人の力でゆさぶられ、喜び合う事を求める ・成長ホルモン、メラトニン、コルチゾールなどが睡眠中大量に分泌されるようになる ・顔にかかったハンカチを取り除く	・夜の眠りが安定し、夜中に起きなくなる ・離乳が進み、完了し、幼児食へ ・自律性の芽生え（選択制や探索性などの育ち） ・見通しのある行動やイメージのある交流が進む
姿勢と運動	・腹臥位で左右にぐるぐる回る→両手でつっぱって後ろへ下がる→両手両膝這い→お座りへ	・両手両ひざばい→高ばい→床からの立ち上がり→始歩（歩くときに、腕は平衡機能を助ける） ・初歩（O脚状……第5中足骨から着地↔離地）
手の働き	・肩→上腕→ひじ→前腕→手首→手のひら→指へと力が育つ（回内↔回外） ・物を両手にそれぞれ持つ→放す→片手に物を持ちながらもう一方で違う動きをする	・親指と中指が対向してくる ・親指と他の4本、または小指を除いた3本の指で物をつまむ。小さい物を指で持ち替える ・簡単な物を両手で操作
ことばと認識力	・口唇を使っての無意味な音（喃語の最盛期） ・人見知り。「イナイイナイバー」の遊びを喜ぶ ・親しい大人に揺さぶられるとケラケラ笑う	・模倣喃語→有意味喃語→一語文 ・欲しい物を声を出し要求する。意味あることばを理解 ・指さした方向を見る→自らの指さし
その他	・意図的に視線を切り替える ・簡単な目と手の協応動作 ・短い間の耐性と恐れや怒りの感情の発達	・「ちょうだい」の遊び（物の手渡し合い）ができる ・抱いて欲しくなると、親しい大人にはい寄る ・歌に合わせてからだを動かす（簡単な手の模倣）
必要な指導や配慮	○後ばいはつま先を外にむけ、足の親指で床をすって下がる ○一人で座れるようになるまでは座らせない ○食事は「スプーン3本法」がいい	○高ばい……「後方交差パターン」。はう運動が少ない状態での、つかまり立ちや伝い歩きはさせないように ○おむつをはずし、時間排尿の習慣

82 発達のとびこし
0歳から歩き始めるまでの子育て（2）

●発達のとびこし

　発達に遅れをもっている子どもや障害をもっている子どもの多くは、その乳児期からの運動に遅れや不十分さや運動獲得のとびこしがあります。たとえば、はわないでつかまり立ち歩いてしまったり、うつ伏せの姿勢をいやがったり、あるいは早いうちからお座りをしてしまい、はうことをせずに居座って移動することなどが特徴です。それらの発達上の問題が、現在の遅れや不自由さをまねいている要因である場合も多いのです。

　両手と両ひざで力強くはいはいをするように指導していくことに加えて、姿勢や筋肉の歪みを作らないために、早い時期からさせない方がいいのが「お座り」です。子どもが、一人で座れるようになるまでは、なるべく座らせないようにします。座る必要のあるときは、抱いてやるか、腰に支えのある椅子にかけさせるようにします。

　お座りを早くからさせると、抗重力筋（49ページを参照）に負担がかかり、背や腰を丸くした状態が多くなります。また、早くからの伝い歩きやはう運動が少ない状態でのつかまり立ちや伝い歩きは、とくに足の抗重力筋に無理がかかり、足の歪みを招きやすくなります。まだ一人では歩けない子どもの手を取って歩かせたり、歩行器や押し車などを使って歩かせたりすると、姿勢を歪めたり、つま先立って歩いたり、足首を内側に向けてひきずったりなど、正しい歩行が身につきにくくなることもあります。

●歩行にははいはいが必要

　赤ちゃんは、生後1年から1年半の時間をかけて、ようやく、歩行を獲得していきます。それまでは、手も足と一緒に移動の手段として役割を担っています。手が移動の手段から解放されて、手としての独自の働きを持つようになるのは、歩行を獲得してからです。

　この歩く前のはいはいの時期がとても重要なのです。はいはいをしている時には、手・腕は、からだを支えながら抗重力筋として働きます。抗重力筋として働かせている間に、肩・腕・ひじ・手首・手指全体の筋肉の力と運動する力が育っていきます（50ページ参照）。

　このはいはいの時期に、顔を上げて、手指をしっかり開いて、力強くはうことが少なかった子どもが、「保護伸転反射」と「姿勢反射」の力（50ページ参照）が弱い傾向にあるのです。ヒトの特徴である器用な手指の働きの土台は、赤ちゃんの頃のはう運動から作られているのです。

図83 ゆさぶり遊び

うれしい
楽しい
気持ちいい
安心
もっと！

見る力を育てる
・動きと見る力の協応を育てる
・空間知覚を育てる

平衡機能を育てる
・首の立ち直り反応を強くする
・中脳・小脳などの働きを育てる

大脳の働きを高める
・ドーパミンの分泌を促す
・快の情緒を育てる

活動意欲を高める
・からだを動かす楽しさを育てる

83 ゆさぶり遊びで快の交流を
0歳から歩き始めるまでの子育て（3）

●ゆさぶり遊びで快の情緒を引き出す

　赤ちゃんの首がすわり、機嫌の良い時に抱き起されてはあやされるという遊びを十分に経験した子どもは、親しい大人との信頼関係や安心感のもとで、大人のからだでゆり動かされて遊ぶことを好むようになっていきます。その頃になると、首から肩、胸などの体幹の筋肉の育ちもしっかりしていきますので、軽くゆさぶって遊んでも大丈夫です。最初は、大人は座った状態で子どもを抱いて、ひざの上でゆさぶってみるといいでしょう。ほとんどの赤ちゃんは、大人の顔を見ながら笑顔や笑い声で喜びを現わします。子どもが喜び、「もう1回、もっと！」というような表情を見せたならば、少しずつ揺れの刺激を大きくしていきます。少し月齢が大きくなると、大人が立った姿勢で子どもを抱き、「タカイ、タカイ」と上に上げたり、左右に揺らしたり、タオルケットなどの上に子どもを乗せてハンモックのように揺らしたりと、色々な「ゆさぶり遊び」ができます。

●ゆさぶり遊びの効果

　「ゆさぶり遊び」には、つぎのような効果があります。

　①物を見る力を育てます。外界物を注視する力や、物を追視する目と動きの協応性を高めます。

　②平衡機能を育てます。前庭三半規管への刺激、視覚（空間知覚）への刺激、運動筋の緊張などへの刺激となって、小脳・中脳・視床下部・視床を経て、大脳にも影響を与えながら、「首の立ち直り反応」や「姿勢反射」（47ページ参照）をよくしていきます。

　③ドーパミンの分泌を促して、快の情緒を引き起こし、大脳の働きを高めます（図29参照）。リズミカルな心地よいゆれの刺激は、ドーパミンを分泌させます。ドーパミンの刺激は意欲・やる気・行動力を増進させます。さらに、大脳の前頭葉前頭前野までも刺激してその働きを高めていきます（図29参照）。

　④ゆさぶり遊びは子どもの活動意欲を高めます。からだを動かしてもらうことが楽しく、気持ちがいいことを経験していくと、やがて、自分でからだを動かす意欲へとつながっていきます。

●子どもの反応をきちんと見る

　「ゆさぶり遊び」は少しずつ強くしていっていいのですが、あくまでも子どもが笑い喜ぶ状態でなければなりません。怖がったり、泣いたり、からだを堅くしたりするのでは、かえって逆効果です。子どもの喜ぶ状態に合わせて、ゆさぶる刺激の大きさを調節します。

図84 1〜3歳までの子育て

	手伝い遊び後期（13〜18カ月）	並行遊び期（18カ月〜3歳）
生活と全体的特徴	・大人の生活への参加を喜ぶ ・イメージをもち、大人と簡単な「見立て遊び」を楽しむことができる ・他の子どもと遊べなくても交じりたがる	・排便、排尿の自律が進む。昼寝が1回になる ・次第に大人から離れて行為を行なう＝「イヤ！」の表現。「ちょっと待ってね」に対する耐性が発達する ・イメージをもつ力が広がる。模倣力が高まる
姿勢と運動	・立ち止まり、かがむ姿勢をとる。小走り状に歩く ・O脚からX脚状に変わり始める ・ボディイメージが育ち始める	・歩く力が高まり、姿勢がよくなる。走る。両足跳び ・X脚状……土踏まず側から着地⇔離地。正座 ・静止する力がつき始める。立位からかかとを上げかがむ
手の働き	・独立した手の動きのもつ土台ができる ・スプーンを握り手づかみをしたり、スプーンに手で乗せてから口に運んだりと自己流に工夫する ・コインなどを親指、人差し指、中指の3指でつまむ	・つまみ〜中指、薬指、小指をまだ軽く伸ばしたまま、親指と示指はピンセット状に軽く伸ばす ・かがんで、道具を使って行く中で、親指と示指の働きが増す。箸、スプーン、フォークの使い分けをする
ことばと認識力	・一語文→さまざまな単語。日常会話の理解が進む ・いろいろな物に興味をもつ ・靴や帽子などの用途がわかる ・「ママは？」に、指さす	・単語→二語文→多語文、問いかけ文「これ何？ どこ？ どうして？」や従属文（○と△、××してから〜） ・色名、大小、多少を理解する。幼児語が多く、発音不明瞭
その他	・1つのものに熱中、集中して遊ぶ	・道具の使用が増え、道具の種類が広がるに従い、知る働きや先を見通す力が育つ。利き手の分化
必要な指導や配慮	◎生体の生活リズムにそった生活の習慣 ◎大人との遊びが不十分な場合、指吸い（自慰行為）や他傷行為が習慣化しやすくなる ◎ストレスが多いと夜半に起きることが多くなる	◎大人が一緒に遊び、組織していくことが必要 ◎子どもの条件や自律性を無視しない。しかし、好みが出てくるので、偏食や運動不足に要注意 ◎早寝・早起き、「自律起床」を習慣にする

84 めざましい成長　飛躍的な成長期
1〜3歳までの子育て（1）

●乳幼児期のめざましい成長

私は、乳児期の終わりを、おおよそ1歳くらいと考えています。乳児期から幼児期への移行にはいくつかの質的な変化がみられます。

第1は、2本の足で立ち、歩行を獲得することです。歩き始めの赤ちゃんはO脚状で外股、1歳半から2歳近くからX脚状、4歳を過ぎる頃から徐々に平行脚に移行し始めます。

第2は、移動の手段から手が解放されて、手独自の働きをもつようになります。2歳を過ぎる頃になると、ハサミなども使用できるようになります。積み木や砂遊びなどおもちゃを使ってよく遊ぶようにもなります。

第3は、ことばを話すようになることです。初めは単語レベルでことばを発し、二語文、三語文と日本語としての構文を形成していきます。会話の理解力も高まって、発語から発話へ、そして会話へとコミュニケーション能力が発達していきます。

第4は、生活面で自律性が育ち始めることです。離乳食が終わり、1日3回の食事と午前と午後にそれぞれ軽い食事を摂るようになります。夜間の睡眠中はたびたび起きることはなくなって、朝までぐっすり眠れるようになってきます。また、毎朝排便を促すように習慣化していくと、排便・排尿の自律が進みます。毎日の生活のくり返しのなかで、ひとりでできることが増えて、「自分でする」という自律性が育ち始めます。

幼児前期は、ヒトとしての特徴を次から次へと身につけ始め、乳児期とは異なる質的変化の発達を遂げていく時期です。その裏付けには、脳細胞のシナプスのネットワークが目覚ましく進んでいくという、脳自体の発達があるのです（図57参照）。

●成長期に起こりやすい発達の遅れ

このように変化が激しい時期には、さまざまな発達の弱さや遅れが生じやすいという一面もあります。胎児期や乳児期、幼児期前期に、何らかの原因で発達を促す条件が整えられないと、その後の発達にも弱さや遅れが現われてくる場合があります。その反対に、それまでに子どもがうまく発達してくための条件が一時的に整えられなかったことがある場合でも、3歳頃になると弱さや遅れが解消されていく場合もあります。

図85 発話に必要な力

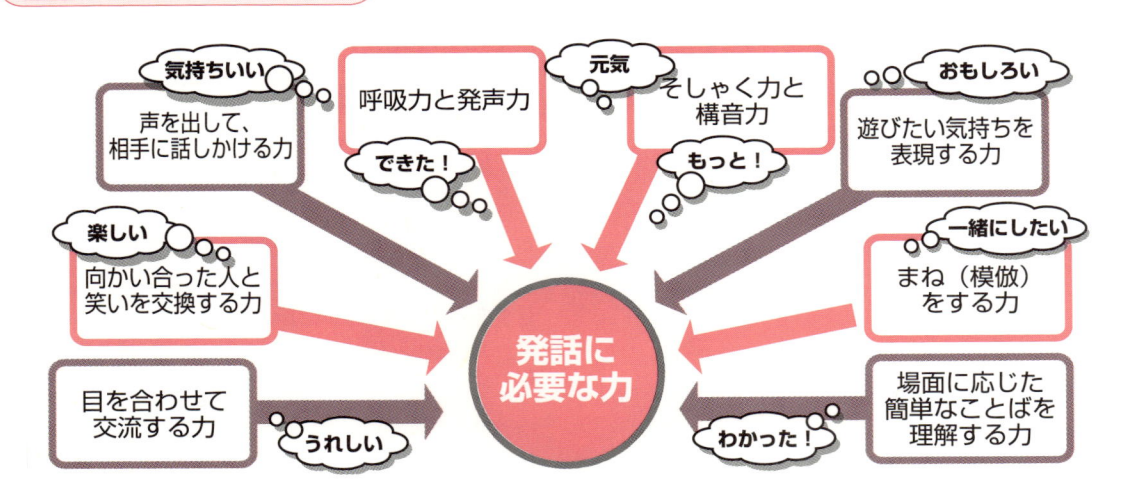

- 気持ちいい：声を出して、相手に話しかける力
- 呼吸力と発声力 → できた！
- 元気：そしゃく力と構音力
- おもしろい：遊びたい気持ちを表現する力
- 楽しい：向かい合った人と笑いを交換する力
- もっと！
- 一緒にしたい：まね（模倣）をする力
- 目を合わせて交流する力 → うれしい
- わかった！：場面に応じた簡単なことばを理解する力

→ 発話に必要な力

　この3歳頃までは、親しい大人とのやり取りを中心に、遊びながら真似して学ぶことが多い時期で、大人との遊びが不十分な場合、子どもは「何をしたらいいか分からない、遊んでもらえなくて寂しい、つまらない」という気持ちをもちます。この代償として指吸いなどの自慰行為、噛んだりたたいたりの他傷行為、床に頭を打ちつけるなどの自傷行為が習癖化しやすくなります。さらに、起きている間のストレスが多いと、夜半に起きやすくなったりします。

　脳の発達が目覚ましい幼児期前期は、親しい大人との関係を満足感のあるものにしながら、目覚めと眠り、食事、排泄、活動と昼寝など、生体のリズムにそった生活を身につけていくように習慣化していくことが大切です。

85 ことばを話すために真似する力が必要
1～3歳までの子育て（2）

●模倣する力を育てよう

　模倣力の育ちが、はっきりと現われ始めるのは生後9カ月頃からです。この頃になると、それまでは自分で音を出してはくり返し楽しんでいた喃語に変化が見られるようになってきます。大人が赤ちゃんの喃語を真似してあやすと、赤ちゃんもまたそれを真似して音を出します。大人の口元をじっと見つめて、大人があやしながら発した意味のない音声を真似たりもします。これを「模倣喃語」といいます。

　9～13カ月には、向かい合った大人と物の受け渡しの遊びができるようになります。赤ちゃんの持っている物を、大人が「ちょうだい」といいながら取り、すぐにまたそれを「どうぞ」と言って返すことをくり返します。すると最初けげんそうな表情を示していた赤ちゃんも、くり返されるうちに、持っている物がすぐに返してもらえることを次第に理解していきます。大人が「ちょうだい」といいながら両手を赤ちゃんの前に差し出すと、手の上に物を置こうとする素振りを見せます。

　やがて、両手を胸の辺りに出して軽く交差させ、相手に「ちょうだい」のしぐさをしたり、コクンと頭を下げて「ありがとう」のしぐさをしたりするようになってきます。そのほか、名前を呼ぶと手を挙げたり、「おつむてんてん」をしたり、「バイバイ」のしぐさで手を振ったりと、いろいろな「赤ちゃん芸」をし始めます。

●動作やことばは真似をすることで覚える

　子どもは、ことばを真似て発するより早い時期に、大人の笑顔、身振り、声の出し方などをよく見ています。よく見て、よく聞いたことをくり返し真似し

て、そうしていくうちにそのことの意味を理解していきます。子どもの発達をみていくと、「理解して真似する」のではなく、「真似しながら理解していく」「できるようになっていく」ことがわかります。

親しい大人が笑って話をしていると、一緒にその場にいる子どもも、その話の内容がわからなくても笑っているということがよくあります。1～2歳児の発することばの中には、身近な大人が子どもに対してよく使うことばや口調がそのまま出てくるようなことが多くあります。

●「即時模倣」と「延滞模倣」

真似する場合にも2種類の方法があります。1つは、真似るモデルを見たり聞いたりしたすぐ後に真似る「即時模倣」です。もう1つは、すぐには真似なくてもしばらく経ってから真似る「延滞模倣」です。「延滞模倣」の場合は、その時すぐに真似できなくても記憶として残しておいて、できるようになってから真似する場合や、時間と場所の異なる時に真似ていたり、自分でも意識しないうちに真似ていたりすることもあります。いずれの場合にも、「真似る」のはその子どもにとって何か印象に残るものがあるからです。

●楽しい雰囲気が話す意欲を育てる

子どもにとって身近な大人はモデルそのものですから、善きにつけ悪しきにつけ真似されます。真似して欲しくないところまで真似されてしまい、苦笑したり、大人の方が「気をつけなくては」と反省することもあります。大人は、「楽しい手本」「真似たくなるような手本」を示したいものです。

楽しそうな家族の会話に「自分も加わりたい」と思うとき、自然と周りの顔を見て、ことばに耳を傾けます。顔は輝き、からだが乗り出してきます。手も伸びてきます。ことばをまだはっきりと話せなくても声を出して話しかけるようになってきます。声が出ない場合にも、ニコニコした表情で相手を見つめてきます。ことばを使うやり取りの前に、まず笑顔のやり取り、そして、その場の楽しい雰囲気の共有があるのです。

こわい顔で子どもと接していたり、余裕のない態度で子どもに命令ばかりしていたり、子どもと遊ぶことを面倒に思っていたりしていては子どもが話をしたい気持ちにはなりません。また、家族の大人同士の間においても口数が少なくつまらなそうであったり、ケンカばかりしていたりならば、やはり子どもの豊かなことばは育ちにくくなるでしょう。

●生体の生活リズムを整え意欲をわかせる

子どもに対して身近な大人が笑顔で接している場合、子どもの表情も豊かなのが通常ですが、時として、さまざまな刺激に対する反応が弱かったり、表情の変化が乏しかったり、目が合いにくかったり、不機嫌でいることが多い子どもたちがいます。そうした子どもたちには、よりいっそう根気強い大人の笑顔の働きかけが必要です。そしてその一方で、生体の生活リズムを整えながら快の情緒や意欲の発現地である脳幹部の中脳や視床下部の働きを高める必要があります（図58を参照）。

図86 1・2歳児の発達の特徴

脳の未熟さ（未発達）	脳の中心部（命を守り育てる脳）を育てる	生体の生活リズムを守り育てる
情緒の発達の未熟さと抑制力の未熟さ	親しい大人と笑顔や笑いの交流	大人との関係で守られている安心感
大人との関係で楽しさを求める時期	楽しくからだを使って遊び満足する	生活・家事を一緒に楽しむ
興味・関心の広がりと自律性が芽生える時期	身の周りのできることを増やす	ほめることも叱ることも大切
ことば・認識力・表現力に未熟さがある	楽しいことばのやり取り	子どもの要求に応える
生体の生活リズムを整えていく時期	6時起床・20時就寝の睡眠のリズム	快食・快便・よくからだを動かす

86 1・2歳児の発達の特徴
1〜3歳までの子育て（3）

●**大人と一緒に新しい経験を**

　家族など、親しい大人への愛着と信頼関係は、子どもに「安心感」を与えます。逆に、親しい大人がいないという不安感は、警戒心やより大きな不安感を生むかもしれません。親しい大人がすぐそばで見守っていてくれているという安心感は、子どもに外界に対する興味を広げさせます。新奇なものやできごとに対して、それを「なんだろう？」「どうしたのだろう？」と好奇心や興味をもち、見たり聞いたり触ったりするという探索行動をとるのか否かによって、子どもの具体的経験に差がでてきます。不安感や警戒心の方が強ければ、子どもはその事態から逃げようとします。

　それにもかかわらず、無理やりそのことをさせようとしたり、不安感や警戒心の強いまま放置されたりすると、そのことをきっかけに、「場所見知り」「人見知り」「もの見知り」などのように「なかなか慣れない」状態を示すようにもなります。

●**快の情緒の育て方**

　親しい大人（母親など）への愛着と信頼関係を築くためには、人との関係の中で「快の情緒」を育てることが必要です。快の情緒は、つぎのようなことによって育てられます。

　1つ目は笑顔と笑い声を交換し交流することです。2つ目は大人と子どもが共に、楽しい・おもしろい・うれしい・満足と感じる遊びと生活です。3つ目はヒトの生体の生活リズムを身につけながら一日を通して、ストレスが少ない生活をすることです。

　幼い子どもが、食欲不振、行動意欲の低下、探索行動の低下、無反応、無気力などというストレス状態に陥ることは、直接子どもの成長・発達にかかわる危機的な状態ですから、ぜひとも避けたいことです。

●**自律していく子どもとうまく向き合う**

　自律性が芽生えてくるこの時期は、子どもの興味や関心が高まると共に、「自分でやってみよう」という自律の気持ちが育ってきます。「自分でやる！」といい張ることがあるかと思えば、「いやだ！　できない」と、できることやわかってもよさそうなことも拒否する態度を示すこともしばしばあります。愛しく思い保護しながら遊ぶことが大切だった乳児期とは異なり、大人の都合と子どもの都合がぶつかり合うことがたくさん生じてきます。そうした親子関係のなかで生じる「思い通りにならない」という葛藤や矛盾によるストレスは、それを具体的行動によって処理・コントロールする力を育てていくこと

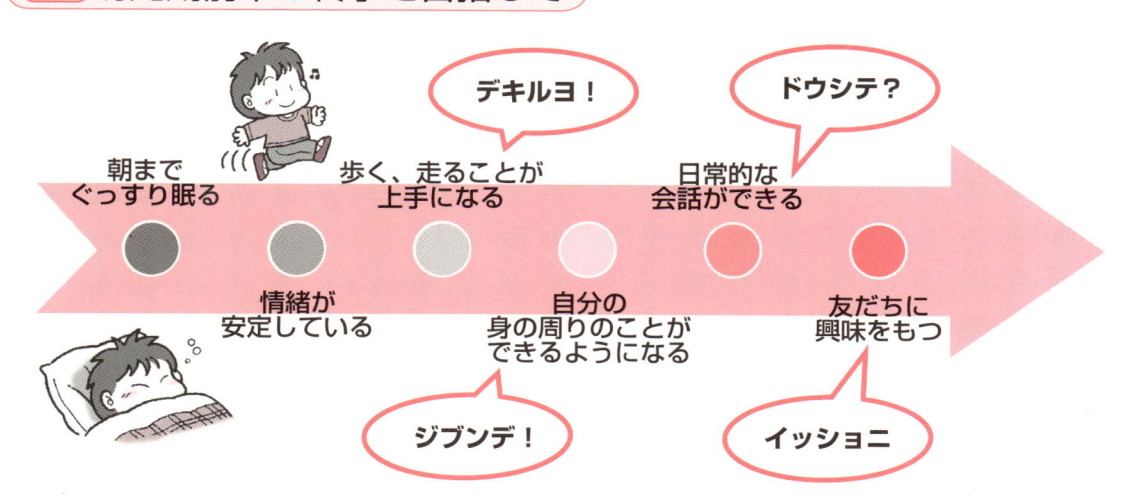

図87 幼児期前半の終了を目指して

- 朝までぐっすり眠る
- 情緒が安定している
- 歩く、走ることが上手になる（デキルヨ！）
- 自分の身の周りのことができるようになる（ジブンデ！）
- 日常的な会話ができる（ドウシテ？）
- 友だちに興味をもつ（イッショニ）

が大切です。

子どもの場合、「ことばで理解してことば通りに行動できる」のはずっと後になってからです。まずは自分で見たり、聞いたり、やってみたりと、具体的な実践を通して納得していくことが大切なのです。子どもの「なに？」「どうして？」「自分でやる」に上手に付き合いながら、その一方で赤ちゃん扱いをしない大人のけじめある態度が要求される時期です。

87 幼児期前半の終了を目指して　1～3歳までの子育て（4）

●親への愛着が強い子ども

親しい大人に十分にあやされ、笑顔と笑いの中で遊び育ってきた子どもは、快の情緒を著しく発達させ、それとともに親しい大人への強い愛着を示すようになっていきます。乳児期後半から幼児初期にかけてはとくに、特定の人に対する愛着が強く現われる時期です。母親がトイレに立っても、また、すぐ隣の部屋に行っても後を追うというほどに、何をするのも母親と一緒にしたがるようになります。子どもは、母親の健康や精神状態をすぐさまその態度や表情から感じ取り、強く影響を受けます。

母親が何か悩み事を抱えていたりイライラしていたりして、子どもとゆったりした落ち着いた気分で十分に向かい合うことができなかったとすると、子どもも不安になって、ぐずぐずしたり笑顔が少なくなったり、情緒の不安定を示しやすくなります。

●愛着の弱い子ども

乳児期後半から幼児初期にかけて、親しい大人への愛着の弱い子どもは、つぎのような育ちの弱さが現われます。

- 人見知りをしない。
- 親しい大人の後追いをしない。いなくても意に介さない。
- 視線が合いにくい。
- あまり笑わない、表情の変化に乏しい。
- 親しい大人に対して遊んで欲しいという要求を示すことが少ない。
- 親しい大人の真似をしない。
- 2～3歳になっても上記6つのような弱さを引き続き残している。
- いつまでも親しい大人の後を追う。
- いつも頼れる大人が一緒にいないと不安でたまらない。
- 親しい大人から離れて遊べない。
- 初めての場所や人に対して慣れにくい。

このような親しい大人との強い分離不安を抱く

図88　3歳から就学前までの子育て

	ごっこ遊び期	劇遊び・役割遊び期
生活と全体的特徴	・自立性が芽ばえる（仲間集団への参加） ・摸倣→創造、大人との遊びから学んだことを仲間たちと発揮する ・情緒の安定し、意欲や能動性が高まる	・大人の活動への参加・手伝いができる ・仲間同士で話し合い、問題を解決していく自立性が育ち、自治力が芽ばえる ・生体の生活リズムの自律
姿勢と運動	・重心線が安定した歩行。平衡機能の成長 ・目的に応じた姿勢と構えをし、行儀の良さが育ち始める	・直立の姿勢とあおり動作歩行の力が高まり、X脚からH脚（平行脚）へと近づく。姿勢や構えが良くなる ・調整力・巧みさが高まる（縄跳び・棒登り・綱登り・木登り・崖登り・側転・前方連続回転・後方回転・鉄棒創造的な身振り表現など）
手の働き	・環状のつまみ（親指と人差し指の器用な働き） ・道具の使用（箸の使用） ・絵による表現力が高まる	・目的に合わせてさまざまな道具を使いこなす（創造的に道具を使う）。考えながら手を働かせる（表現） ・イメージをもちながら楽しく作業する
ことばと認識力	・対話力 ・ことばによる記憶・認識・思考・判断・見通しが進む。「何ナノ？　どうして？　どういうこと？」 ・仲間との「ごっこ遊び」簡単なルールの理解	・内言・思考・実行による自己統制機能の発達 ・文化・科学・社会性を伴う学習の基礎が育つ ・文字言語に興味をもち、理解していく
その他	・年長児にあこがれ、摸倣をする。年長児の援助や指導に従う	・「劇遊び」などの表現活動が盛んになる ・リーダーシップを発揮する
必要な指導や配慮	◎大人が援助しながら、仲間との「ごっこ遊び」を楽しめるようにする ◎子ども同士が活発に対話するような関係を作っていく。ことばと行動を一致させていく	◎多様な価値観を認め合いながら、一人ひとりが自己肯定感をもち、自己主張していくように集団を組織していく ◎場面に合った適切な言語表現ができるようにしていく ◎活動の目的を明確にし、意識して行動する

ようになります。「母子分離の悪さ」は、言い換えると、親しい大人への愛着の弱さや不足とも考えることができます。また、親しい大人との分離がうまくできないと、子どもよりも大人と遊ぶことを好み、子ども集団への参加もスムーズにいかなくなり、情緒と自立性の育ちに弱さや遅れを生じやすくなります。

88　生活リズムと運動能力の獲得
3歳から就学前までの子育て（1）

●自律していく生体の生活リズム

幼児期の半ばから後半になると、子どもの育ちは幼児期前期に身につけた力を土台としながら、よりいっそう力強さが加わってきます。

まず、生活に関しては、ヒトとして生き生きと生活していくための自律性が発達していきます。それまでに早寝早起きの習慣を身につけていると、起こされなくても6時頃には毎朝一人で機嫌よく自律起床ができるようになります。夜も、8時頃になると自然と眠たくなって、一人で布団に入って寝るようになります。日中十分に活動して、寝つきも良く、朝までぐっすりと眠るのが当たり前の生活になっていくことが大切です。

食事のリズムも整い、1日3回の食事と午後3時のおやつ（軽い食事）を楽しみながら、偏食なく、おいしく食べるようになります。その中でも朝食は午前中の脳の働きを活性するためにもっとも大切ですから、早起きをして、朝食をおいしく物・心両面で豊かに食べる食習慣を身につけます。毎朝の排便の習慣も身につきやすくなります。また、排尿も、日中は90分～120分のリズム性をもち、夜眠っている間は排尿を止める働きが育って夜尿もなくなり、排泄が自律していきます。

早起き・早寝の朝型の生体の生活リズムを身につけていくと、体温は朝起きると上昇し36.5～37.5℃の間で変化して、夜にはまた下降して眠りにつきやすい状態を作っていきます。午前中は脳がもっともよく働き、午後はからだがよく動くようになります。朝から活動的な生体のリズムを身につけている子どもは、眠りの質が良く免疫力が高いため風邪などをひきにくいからだに育っていくだけでなく、安定した情緒の働きと意欲や集中力の良さがその特徴のように思います。

●運動面の育ち

運動面では、重心線が左右にゆれなくなり安定してきます。また、平衡機能も育ち、土踏まずが形成

図89 ごっこ遊び

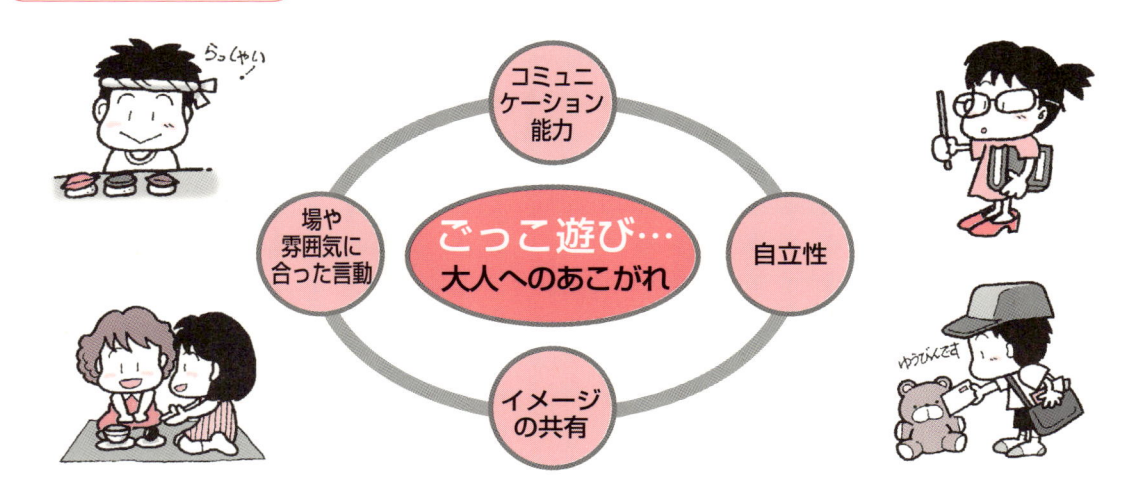

ごっこ遊び…大人へのあこがれ
- コミュニケーション能力
- 自立性
- イメージの共有
- 場や雰囲気に合った言動

され始め、走る・跳ぶ・登るなどの運動が力強くなってきます。いろいろな運動に挑戦していくと、調整力（敏捷性・巧緻性・柔軟性・平衡性）が高まって、縄跳び、棒登り、綱登り、木登り、崖登り、側転、前方連続回転、後方回転、鉄棒、創造的な身振り表現などの巧みさを必要とするような運動もできるようになっていきます。その活動や運動に合った姿勢や構え、その場に合った行儀もよくなります。

3歳頃まではX脚状だった足も、土踏まずの形成や大腿筋などの筋肉の発達に伴ってだんだんとひざがまっすぐ前を向くようになり、H脚（平行脚）に近づいていきます。やがて、小学校の低学年の頃になると、正しい直立と、直立状二足歩行を獲得していきます。

89 3～4歳児は「ごっこ遊び」の時代
3歳から就学前までの子育て（2）

●ごっこ遊び

対話力が高まり、仲間との遊びが楽しくなってきた子どもは、気の合う友だちと共通のイメージを基に、その「つもり」になって遊びを展開していきます。大人の仕事や生活にあこがれ、大人と一緒に経験したことを、大人と同じようにはできないけれども、それを子ども同士で真似ながら遊びのなかで実現していきます。これを「ごっこ遊び」と呼びます。

●いろいろなごっこ遊び

最初は、ままごとから始まることが多いのですが、お店屋さんごっこ・郵便屋さんごっこ・お医者さんごっこなどなど、いろいろなごっこ遊びがあります。その遊びをしている子どもたちの経験や知識によって異なりますし、毎回少しずつ変化していきます。その時々で、子どもたちで発案して「○○ごっこ」と名付けて遊ぶこともあります。

●ごっこ遊びで養う対話力

「ごっこ遊び」は、自立性の育ちを象徴する遊びでもあります。「ごっこ遊び」には、××役の人と○○役の人と△△役の人というように役割分担があります。子どもたちは、それぞれにその場に応じた役割に合った言動をとりながら、みんなで1つのテーマに沿った形で遊びを進行していきます。

しかし、その遊びについて、一人ひとりのイメージが似ているところもあれば違うところも出てきます。他の子どものとった言動が「おもしろい！」と思えばそれが共有できていいのですが、自分の考えていた事と異なり、「違う！ こういう風にして」ということもあります。「ごっこ遊び」では、対話を重ねて自分の意見と他の人の意見をすり合わせて

図90 鬼遊びのルール

鬼との関係
・「逃げる-捕まえる」／「タッチ」
・「隠れる-見つけだす」
・仲間を救済する際のルール
・鬼決めや交替のルールなど

時間のルール
・例えば「10数える間」に逃げる／隠れる
・○秒間の「待った！」など

鬼遊びにはルールがある

場所・空間のルール
・逃げたり隠れたりしてもいい範囲が決まっている
・安全地帯があるなど

行為の禁止や約束がある
・その時々で仲間と相談して、ルールにアレンジを加えていくこともできる

いかないと、みんなで遊びが楽しめないということもたくさん経験していきます。

このように、子ども集団で遊ぶことを積み重ねながら、一人ひとりの自立性が育っていくのですが、3～4歳児はまだ芽生え始めたばかりの自立性です。子ども同士ではイメージが偏ったり、本質を欠いていたり、一部の子どもしか楽しめないものになってしまったり、意見のくい違いを対話によって乗り越えられなかったり、幼さによるさまざまな問題が目立ちます。大人も子どもたちと一緒になって遊びを楽しみながら、よりダイナミックな「ごっこ遊び」になるように、援助や指導をしていくことが必要です。

90 「鬼遊び」が大好きになる4～5歳
3歳から就学前までの子育て（3）

●鬼ごっこ

子どもたちは「鬼ごっこ」や「かくれんぼ」などの屋外遊びが大好きです。鬼から逃げたり隠れたり、また自分が鬼になって追いかけて捕まえたり見つけだしたり、そのスリル感が面白いのでしょう。鬼ごっこの始まりは、はいはいができるようになった赤ちゃんを、大人が「待て、待てー」と少し大げさに追いかけて遊ぶ「追いかけっこ」や、大人が扉の陰などに隠れて「イナイイナイ、バー」の遊びをして子どもをあやしたりすることから、その遊びの楽しさを知るのではないかと思います。

少し子どもが大きくなってくると、大人が「逃げろーっ！」とおどけながら逃げるふりをすると、子どもは喜んで大人を捕まえようと追いかけてきます。追いかけっこやかくれんぼが好きになった子どもは、最初は大人が鬼役になる鬼ごっこやかくれんぼならば、一緒に楽しめます。

やがて、「鬼役も面白そうだ」と感じるようになると、大人が鬼役にならなくても、鬼役をかってでる子どもも現われてきます。

●鬼ごっこやかくれんぼの変種

鬼遊びは「逃げる-捕まえる」、かくれんぼは「隠れる-見つけだす」というという単純な遊びですが、これをアレンジした遊びはたくさんあります。たとえば鬼が子を捕まえることができない安全地帯を設ける「たか鬼」や「色鬼」、鬼が全員を捕まえて終わりになるもの、子の側にすでに捕まった仲間を救出する手段を与えた「ドロケイ（泥棒と警察）」もあります。その他、「こおり鬼」「影踏み鬼」「しっぽ鬼」などいろいろな「鬼遊び」があります。

図91 道具の使用

- 鉛筆を使う
- ナイフを使う
- 針を使う

さまざまな道具を使うことに挑戦させよう

- 調理を手伝う
- カッターで切る
- 金づちを使う

「鬼遊び」や「かくれんぼ」には、競争や勝ち負けや成績を定めるような基準はなく、順位付けもありません。単純なルールのなかにも、鬼とのかけ引きや子ども同士の連携があり、それを思いっきり走って逃げたり追いかけたりすることによって現わしながら、楽しむことができます。子どもたちは許された時間いっぱいまで、あるいは誰かが「疲れたからやめようよ」というまで、あきることなくくり返して遊びます。

91 5歳児にさまざまな道具を使うことに挑戦させる
3歳から就学前までの子育て（4）

●幼児の手の成長

歩くようになって、移動手段から手が解放されると、手で物を持つようになります。目的をもって物を動かすことをおぼえ始めた子どもは、おもちゃだけでなく、生活のなかで道具を使い始めます。1歳児では、スプーンが使え、コップで飲め、新聞紙やチラシを丸めたり、ちぎったりし、クレヨンでなぐり書きもできるようになります。2歳児では、一人で服を着ることができるようになります。身の周りのことで大人の手をわずらわせることが少なくなり、「身辺自律」が身についた3歳児では、小さなボタンかけやスナップのはめはずしができ、紙などの素材や用具を使って、貼ったり折ったり、つなぎ合わせたりしながら造形遊びを楽しんだりします。

4歳児では、ハサミで形を切り抜き、ひもも堅結びでならば結べ、金づちやゲンノウで釘も打てるようになります。

5歳児では、道具の使い方を正しく教えていくと、くり返して使っていくうちにどんどん上達して、ナイフで鉛筆を削ったり、針と糸を使って簡単な縫物ができるようになったり、のこぎりを使って木の枝を切ることもできるようになったりします。「身辺自律」もさらに高まって、自分の頭やからだをきれいに洗うことや、自分でツメを切る技術も身につけていきます。

●箸使いは器用な手をつくる

箸は指の動きの延長で、はさむ、のせる、ささえる、さく、すくう、はこぶなど、指のさまざまな動きの基本動作がすべて含まれています。

箸の持ち方……まず、親指と薬指で1本の箸を支えます。次いで、親指と人差し指と中指の3指の先でもう1本の箸を動かします。

箸の使用開始……親指・人差し指・中指でスプーンやフォークが上手に使えるようになる3歳すぎ頃

図92　5歳児の発達の特徴

脳の中心部（命を守り育てる脳）が育つ	姿勢・手と目の協応・手足の協調運動	日中は満足に運動し、夜はぐっすり眠る
情緒が安定し、意欲的に遊ぶ	早起きをして、朝から元気で活動的にする	家族間で守られ、認められている肯定感
友だちとの関係で楽しさを求める	「ごっこ遊び」や役割のある遊びを楽しむ	自分と他の子の違いを知り、互いに認め合う
自立性が高まり、自治力が育ち始める	子ども同士の対話力を育てる	集団の目的を理解してみんなでがんばる
話す内容に文化的・科学的・社会的な事柄が加わる	対話によって語彙が増え、思考・認識力が高まる	具体的経験を通して感動や発見を積み重ねる
生体の生活リズムが自律していく	6時起床・20時就寝の睡眠のリズムを守り育てる	ことばと行動を一致させ、責任や役割をもつ

から使い始め、4歳児では正しく使えるようになることが望ましいと思います。

箸使いによって柔軟な手首と3指の操作性が養われています。箸を使う指使いは、クレヨンなどを使って形や線をイメージした通りに描く描画活動の基礎になり、文字を書くようになる頃には、2本の箸の内側の1本を取り除いた形が正しい鉛筆の持ち方で、斜めの線や小さく丸める曲線を書くことができるようになります。

●家事をさせ子どもの役割をつくる

利き手が仕事をしている時、もう一方の手がそれを助けながら利き手を先導していくような手の操作性を「器用な手」といいます。複雑な家事労働は、両手の働きを発達させます。

幼児期後半になったら、家族の一員として、家事の手伝いや役割分担をさせます。大人と一緒に共同の仕事にしながら楽しむ「手伝い」と、一人でできる仕事をする「役割分担」の両方を位置づけていきます。そうした積み重ねは、生産労働の喜びや意義を学んでいき、さらに、家族間あるいは仲間集団の中で、自己価値・自分の役割などの認識を深めていきます。

92　自立性・力強さ、安定感が増す5歳児の課題
3歳から就学前までの子育て（5）

●ストレスと脳

幼児期後半になると、中脳や視床下部、大脳辺縁系などの「命を守り育てる脳」（図03・04・05など参照）が発達していきます。これらの脳の部位は、眠り・目覚めのコントロール、情緒に関係していることから、眠りと目覚めを中心にした生体の生活のリズムを整えることによって、情緒を安定させていくことができます。

私たちのからだは、ストレス状態になると、脳下垂体からはACTH（副腎皮質刺激ホルモン）や、それと拮抗的な働きをもつコルチゾールが分泌されます。ACTHやコルチゾールは、脳を興奮状態にしたり、体温を上げたりする働きをもっていますから、睡眠が抑制されます。睡眠が不足すると免疫力が低下しますから、風邪をひきやすい、アレルギーを起こしやすいなどの状態になります。また、ストレスがあまりに大きすぎてコルチゾールの過剰分泌の状態になると、不定愁訴が多くなって、「慢性疲労症候群」（63ページ参照）と呼ばれるような症状になり、活力のない暗く沈んだ気分になります。

●脳の廃用性萎縮

子どもがこの「慢性疲労症候群」の状態になると、

脳の未発達や退化（退行）現象が起きてくることが懸念されています。大脳の前頭葉前野は、ヒトの脳では最後に進化した部位で、最後まで発達していくところです。最後に進化してできた部位は、弱さや未熟さももちやすく、退行もしやすいとされ、前頭葉前野を使わない状態が続くと、「廃用性萎縮」（使われないために退化する生体現象）が起こってきたり、「未発達（未熟化）現象」が起きたりすることが懸念されます。思春期以降、自我のコントロールができない状態を「前頭葉性情動症候群」と呼んで、前頭葉前頭前野の働きの未熟や低下を危惧する研究者もいます。

● 楽しい活動が脳細胞を活性化する

しかし、楽しい活動が脳の働きを高めるということもわかってきています。7、8年前までは、脳細胞は、生まれた時にその数が一番多く、その後は死滅していくだけで、脳細胞が増えることはないというのが定説でしたが、海馬や前頭葉（33ページ参照）では脳細胞が増えることがあることが科学的に立証されています。脳細胞も部位によっては入れ替わっていきますし、働きをつくり変えていくことができる可能性をもっていると考えられています。

日中の充実した活動・運動・遊びによって、楽しい・うれしい・おもしろい・夢中になる・気持ちがいい・満足するなどの快の活動が、前頭葉や大脳基底核や小脳などの脳の血流量を増化させ、働きを高めてストレスを解消し、家族や仲間との関係で精神的安定感（満足感・安心感・自己肯定感・自信など）が得られると、脳が活性化して脳細胞を増やしていきます。

自立性、力強さ、安定感が増す5歳児では、図95のようにヒトとしての生体の生活リズムを確立し、仲間との関係を築き上げていくことを課題にします。

図93 幼児期後半の終了を目指す

- 自分のことは自分で / 毎日の生活に見通しをもち、自律していく
- 姿勢や構えが良くなり、集中して遊び込む
- 納得するまでやる
- 知的興味が広がり、教科学習の土台となる力が高まる
- 子ども集団において対話が弾み、仲間意識が強くなる
- 夢中になる
- 子ども集団で認められ、自信や自己肯定感をもつ
- みんなと一緒にがんばる

93 就学に向かう子どもの育ち
3歳から就学前までの子育て（6）

●**自己認識**

　子どもは、集団の活動のなかで仲間との対話を通して、自分が存在するのと同じように、他者も存在することを理解していきます。それを自己認識あるいは自我の意識化といいます。3歳ではまだ、自分を客観的に把握することができませんが、4歳児では、自己との対話ができるようになり、4歳半を過ぎる頃からは内的言語（88ページ参照）が育ち始めます。

　あらかじめ自分の思考と他の人の思考の違いを予測して、自分の認識や思考を変えて他の人の意見や考えを受け入れたり、反対に、他の人の思考を変えるように働きかけたりする力も身につけていきます。この時期になると、相手の期待に応えようとしたり、善悪判断のもとで正しいと思われる行動を進んで行なおうとしたりします。

　しかし、「すべきこと」と、自分の欲求とが異なる場面では、自分の思考・感情・行動をコントロールしなければならない困難に遭遇します。人間関係が複雑で多様になっていくにつれてそうした矛盾に直面します。

　「するべきこと」をしなかったり（できなかったり）、「してはいけないこと」とわかっていてもしてしまったり、理屈通りにはならないことも理解していきます。嘘をつくことや虚勢を張ることも覚えるようになります。

●**自己表現**

　5歳児になると、いっそう子ども集団の活動が盛んになります。目標が大きければそれだけ、「みんなで一緒にやる」際の個人にかかる責任も大きくなっていきます。

　自己表現をしながら、なおかつそれが仲間との関係において認められなければ、自信や自己肯定感を得ることができません。

　個々の子どもが自分あるいは他の子どもとどう向かい合って、どういった力関係を作り、役割をもち合って果たしていくのか、大人は集団としての組織力を高めていく援助者でなければなりません。

●**成功体験を積み重ねる**

　幼児期は抽象的思考が未発達な状態にありますから、集団における人間関係についても、その都度その都度の具体的活動を通して「できた！」「わかった！」「やった！」という満足感を共有し合うことを積み重ねていくことが大切です。仲間と一緒に経験した喜びは、個人の力にも及んできます。

　黙って考える力、考えたことを行動に移す力、で

図94 眠りは命・育ち・学習の基盤

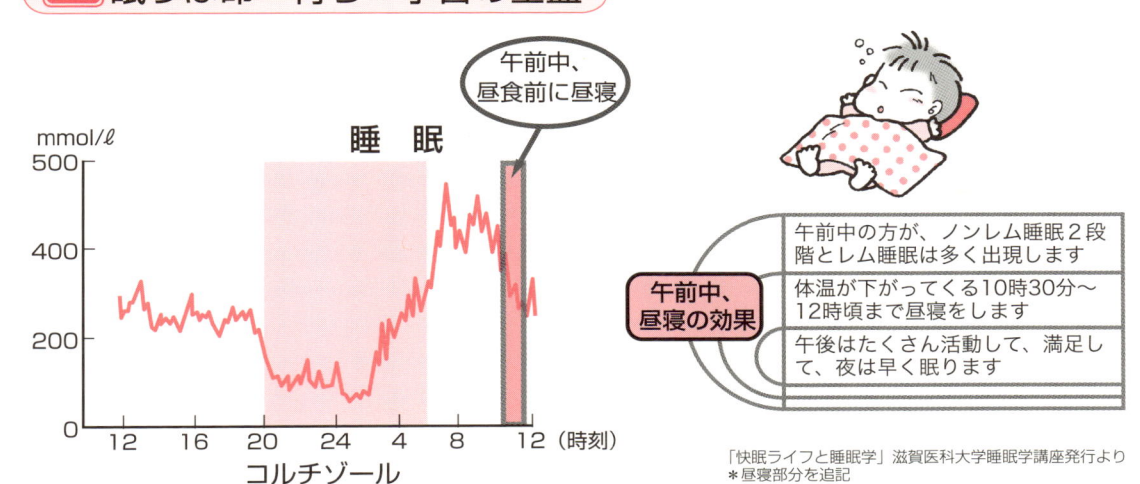

睡眠

午前中、昼食前に昼寝

コルチゾール

午前中、昼寝の効果
- 午前中の方が、ノンレム睡眠2段階とレム睡眠は多く出現します
- 体温が下がってくる10時30分〜12時頃まで昼寝をします
- 午後はたくさん活動して、満足して、夜は早く眠ります

「快眠ライフと睡眠学」滋賀医科大学睡眠学講座発行より
＊昼寝部分を追記

きるまであきらめずに頑張る力などが育って、たくましさが増していきます。自律性と自立性が高まって、自分もまた他の子と同じように「集団の中でかけがえのない存在である」という、自覚と責任と自信をもつようになっていきます。

94 眠りは命・育ち・学習などの保障の基盤

●睡眠時間帯の変化

乳児期から幼児期には、一日の眠りも発達していきます。新生児は授乳と排泄で2、3時間おきに寝たり起きたりをくり返しますが、生後4カ月を過ぎる頃からだんだんと昼間起きている時間が長くなっていきます。7、8カ月頃には、午前と午後にそれぞれ1回ずつ昼寝をするようになります。

1歳頃には一日24時間周期の昼夜のリズムと同調できるようになり、離乳が完了して夜間の授乳がなくなることで、夜は次第に起きなくなります。1歳半から2歳前までには、昼寝は一日1回になります。

2歳を過ぎると、ノンレム睡眠とレム睡眠の区別が明瞭になって、ノンレム睡眠に続いてレム睡眠が現われる睡眠周期が完成し、1回の睡眠周期は20〜60分で小刻みにくり返されるようになります。

●多相性睡眠から単層性睡眠へ

一日に何回も眠ることを「多相性睡眠」といいます。乳幼児期は多層性睡眠で、学童期になると昼間は昼寝をしないでずっと起きて活動をする「単層性睡眠」に発達していきます。昼間は学校に通うことで社会的要因の影響を受けて、昼寝はしなくなるのですが、学齢期以降で昼寝が消えるのは、昼寝が不必要になったからか、それとも社会通念による因習なのかは、実ははっきりした理由はわかっていません。10歳くらいになると、1回の睡眠周期が長くなり、大人の90分周期に近づいていくといわれています。

●昼寝も大事な育ちの時間

睡眠は、子どもにとって単なる休息ではなく、命を守り、脳とからだを発達させ、学習を積み重ねて記憶していくことを保障する基盤です。近頃「3歳を過ぎたら昼寝はしてもしなくてもどちらでもいい」とか、「昼寝をすると、夜寝るのが遅くなるから困る」という意見を聞くことがあります。少なくとも幼児期は、しっかりと昼寝の時間を保障すべきだと考えています。小学校低学年までは、少しの時間ボーっとのんびりしたり、眠らなくてもからだを横にする

時間があってもいいのかもしれません。私は、大人の睡眠周期に発達するまでは、子どもの脳とからだのためには、昼寝や何らかの休息が必要だと思っています。

●午前中昼寝の効果

　私の勤めている保育園では、早起き・早寝を習慣にして、朝からの活動を豊かに保障したうえで、体温がいったん下がり始める頃、10時30分から12時までを昼寝時間にしています。午前10時をすぎる頃からコルチゾールの分泌が低下して、それに伴い体温も下がっていくのです。午前中の昼寝をすませてから、昼食をとります。食事をとり、外気温の上昇の影響も受けて、体温が上昇する午後は、おやつなどの休息時間を確保しますが、昼寝をしないで思いっきりからだを動かして遊びます。すると、夜は体温も下がって、いっそう眠りにつきやすくなり、早寝の習慣が身につきやすくなります。また、午前中の昼寝の方がレム睡眠は出現しやすく、反対に午後の昼寝はノンレム睡眠が出現しやすいため、昼寝が長く、深くなって、夜の寝つきに影響を与えるという考えもあります。さらに乳児期は、命を守り育てる脳と自律神経の働きに支配されるところである内臓を守り育てるために、レム睡眠を多く保障することが大切だと考えます。

　こうした「午前中の昼寝」についての考え方は、河添邦俊先生と先生と交友のあった睡眠学者の故松本淳治先生の提案したものです。私たちはその考えを受け継ぎ、それを実践していくなかで、「午前中の昼寝」のすぐれた効果を実感しています（図94参照）。

図95 呼吸と横隔膜の役割

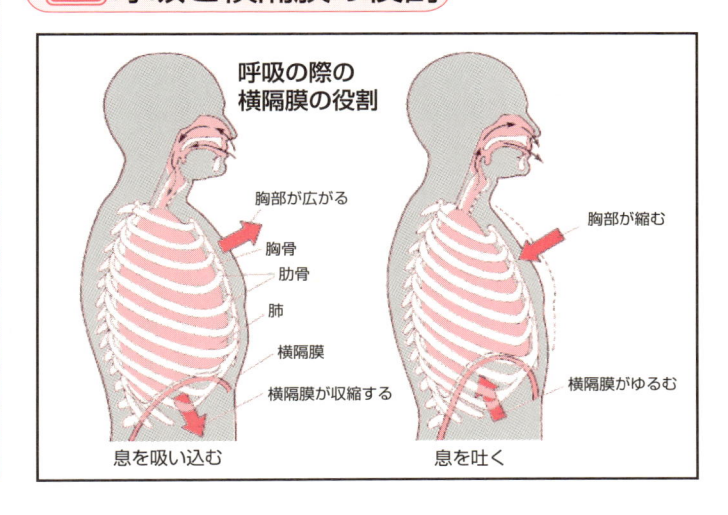

呼吸の際の横隔膜の役割

- 胸部が広がる
- 胸骨
- 肋骨
- 肺
- 横隔膜
- 横隔膜が収縮する
- 息を吸い込む

- 胸部が縮む
- 横隔膜がゆるむ
- 息を吐く

少し急ぎ足で歩く・リズミカルな運動
↓
呼吸力が高まり、血液循環が良くなる
↓
脳の働きの活性化・記憶力が高まる

Web「メルクマニュアル家庭版」より引用

95 満足するまでからだを動かす 呼吸・運動・ことば・脳の働き

●運動と脳の働き

からだつきや姿勢を支えている骨格筋（図62）は、その収縮の仕方によって「相性筋」と「緊張筋」に分けられます。

この緊張筋が、足のミルキングアクション（図61、右図）と一緒になって常に脳の血液循環を良くしています。軽い運動をした後にはよく頭が冴えるというのはこのためです。少し急ぎ足でリズミカルに歩いた後は、ドーパミンの分泌もよくなって、脳の働きが活性化します。歩く前と歩いた後では、記憶力なども高まっていくことが実験によっても明らかにされているようです。

●呼吸とことば

私たちはことばを話す時、腹式呼吸と胸式呼吸をうまく組み合わせたうえで、音を作りながら小刻みに息を吐く形でしゃべっています。

腹式呼吸……胸郭（肋骨などからなるかご状の骨格）をなるべく動かさずにおなかを大きく膨らませたり、へこませたりして行なう呼吸のことをいいます。

胸式呼吸……それに対して、ラジオ体操の深呼吸のように肋骨を大きく広げて肺を中心に膨らませて息を吸う方法をいいます。

横隔膜は、呼吸運動に関する筋肉の１つで、ほ乳類にしかありません。ことばをリズミカルになめらかに話すためには、呼吸のために使う筋肉群も育っていないと、うまくしゃべることができません。呼吸と食事に必要な筋肉がマヒなどの障害を受けると、はっきりとした発音で話したり、メロディやリズムに合わせて歌ったりすることが困難になります。

●運動によって心肺機能があがる

強い心肺機能や筋肉は、運動することによって育ちます。運動時は、安静時と比較して大量の酸素を必要とします。酸素は血液中に混じって、からだの各部分の細部にまで運ばれ、ATP（アデノシン３リン酸）と結合してエネルギーになります。大量の酸素をからだの各部分の筋肉に送り込むためには、大量の血液を送らなければなりません。たくさん運動するからだは、心肺機能もよく育ちます。

このように、呼吸と運動とことばと脳の働きは密接に関係しています。子ども時代には、よく食べ、よくからだを動かし、大きな声で笑い、満足して眠る生活を送る子どもが、ことばも豊かに育っていくのです。

図96 絵本の読み聞かせ

- これなに？
- どうして？
- なぜ？
- それから？

続きはまた明日ね

対話力が育つ
・語彙が増える
・認識力が広がる
・共感する

想像力が育つ
・空想の世界を楽しむ
・主人公になった気持ち
・新しい発見

話を聞く態度が育つ
・集中して話を聞く
・異なる考えを受け入れる
・大人との楽しい交流の時間

96 絵本の読み聞かせ・素語りを聞かせる

●話を聞く態度を身につける

　幼児期前半から絵本の読み聞かせや昔話などの素語りで聞かせてもらうことをたくさん経験している子どもは、絵本や「お話」が大好きになります。からだを静止する力がつき、正座が上手にできるようになる２歳頃から、集中力が増してくるにしたがって、じっとして相手の話を聞く姿勢が身についてきます。年長児になると、15〜20分程度は、身じろぎもせず話に耳を傾けられるようになります。絵本などの読み聞かせの効果はつぎのようにまとめることができます。

●対話力が育つ

　いろいろなことばのいい回しの面白さを感じたり、新しいことばを知ったり、共感するばかりではなく、「どうしてだろう？」と疑問に思ったりします。読み聞かせの最中にも子どもから「どういうこと？」と質問がでてくる時があり、集中している子どもの表情を見ると、イメージしながら自問自答している様子が手にとるようにわかります。共通の理解を深めて、コミュニケーションをする場としても読み聞かせは有効です。

●想像力を豊かにする

　絵本などを読んでもらっている間に子どもはいろいろなことを考えています。すっかり登場する主人公の気持ちになってしまい、困った顔をしたり、ドキドキしたり、うれしくなったり……と、場面場面で子どもの表情が変化していきます。

　実際の生活のなかでは経験できないことやあり得ないことも、絵本やお話のなかでは大好きな大人と一緒に経験することができるのです。「もしも〜だったら……」と絵本の中の世界にあこがれることもあります。日常の遊びのなかにも絵本や「お話」を再現する「○○ごっこ」がその時々で流行ったり、劇のようにして遊んだりする姿も見られるようになっていきます。

●話を聞く態度が身につく

　読み聞かせの時間は、ゆったりと落ち着いた大人と子どもの交流のひとときです。大人自らも、子どもと一緒にイメージを膨らませながら楽しみましょう。大人が「これは面白いから、是非とも子どもに読み聞かせたい。一緒に楽しみたい」と思うもので、その気持ちで読むと、子どももスーッとその話の世界に入り込んでくるものです。「聞かせたい。聞いてほしい気持ち」と「聞きたい」気持ちが１つになると、共有できるイメージが広がり、話の内容もコミュニケーションもいっそう楽しく面白くなってい

図97 ほめること・叱ること

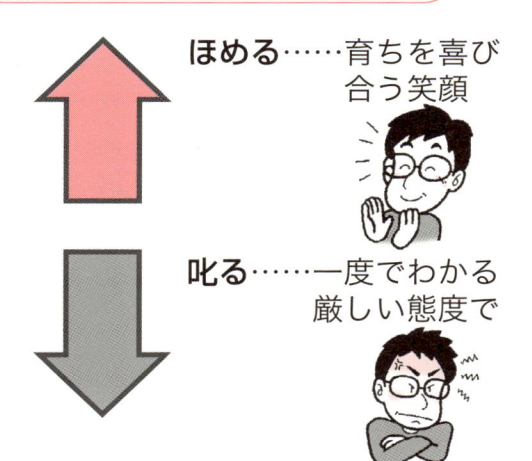

ほめる……育ちを喜び合う笑顔

叱る……一度でわかる厳しい態度で

心がけたい子育て態度

大人は威厳ある態度。過保護、過干渉、過放任、過期待、過管理を戒める
自信や安定感を与える笑顔が大切
毎日の生活を規則正しく、元気に
子どものやる気と必要性を引き出す

きます。

●**読み聞かせに適した時間**

読み聞かせや語り聞かせはいつやっても楽しいのですが、とりわけ、活動と活動の間のちょっとした区切りの時や、入浴後の寝る前の静かな時間（5～10分程度）に設定するとよいでしょう。入浴後は徐々に体温が下がり始め、眠りやすくなります。その体温の下がり始めている状態の時に、一日の興奮を静め、しかも大人との豊かな交流をもつことによって、子どもはさらに落ち着き、満足して眠る準備をしていきます。

ただし、読み聞かせや語り聞かせは布団に入ってするものではありません。話を聞く態度や姿勢を育てることも大切です。読み聞かせや語り聞かせが終わったら、「続きはまた明日。おやすみなさい」と、気持ちを切り替えて寝室に行って寝させるようにします。

97 ほめることも・叱ることも大切

●**高度なコミュニケーション能力**

子育てには、ほめることも叱ることも必要です。「言ってもわからないから、叱ってもしょうがない」というのは適切な態度ではありません。赤ちゃんは、はいはいができ、「ちょうだい」「どうぞ」と物の受け渡しができるようになる頃には、あやされ、笑いを交換し合う本当に信頼して安心できる大人の顔色や態度から、「いけないこと」と「良いこと」を学ぶ高度なコミュニケーション能力をもっています。

また、「子どもには理屈が通じないから、悪いことをした時にはたたいてでもからだで教え込まなければわからない」というのも間違いです。親しい大人の悲しそうな顔、怖い顔、ことばのトーンなどの、「ダメ！」という一言から、子どもは「悪いこと」を敏感に察知し、学んでいきます。

●**年齢に応じた子どものほめ方**

ほめて育てればいい、というわけでもありません。子どもの言動から成長を実感して喜ぶ親の気持ちが、ほめるという行為の源泉です。乳児期や幼児期前半のように、子どもが目に見えてできることを増やしている時期は、誰でも子どもをほめることができます。

ところが、幼児期も半ばを過ぎたあたりから、自分の子どもに対しては、ほめることよりも叱ることの方が多くなってしまう親が多いのです。子どもの精神面での発達は目には見えにくく、子どもが自分

の頭で考え感じたことを自分の判断で行なおうとする時、それが必ずしも大人の理屈や都合と一致しないことが出てくるからです。親子とはいえ他者ですから、お互いの言い分が対立することも次第に増えてきて当たり前なのです。

自律性と自立性が育つ過程では、子どもは失敗を何度も重ねます。やってみないとわからないからです。そのことを大人は頭では理解していますが、待てなかったり、失敗を許容できなかったりするのです。そうなるとほめることが少なくなって、口うるさく叱ることの方が多くなってしまうのです。大人の忍耐強さが問われます。

●ほめるときのポイント

とびっきりの笑顔でほめましょう。本当にうれしい気持ちを子どもに伝えます。しかし、同じことを何度も何度もほめたり、「ごほうび」あるいは「これができたら買ってあげる」などと、報酬や交換条件を与えたりしてはいけません。結果を気にしたり、報酬を期待したり、報酬や交換条件がないとやらない行動パターンになっていきます。

●叱るときのポイント

一番こわい顔と、態度と、雰囲気を表して叱りましょう。日頃から怒ってばかりいると、一番こわい顔を効果的に使えませんので気をつけましょう。また、一度でわかるように、短く叱りましょう。いつまでもグチグチ口うるさくいわれても、子どもはあまり話を聞いていません。お互いのストレスになるだけです。泣いたり、駄々をこねたりパニックになっている状態の子どもは、極力無視をします。そういう行為に出ても無駄であることを態度で教えます。

●体罰は禁止

体罰は、アドレナリン（怒りや恐怖のホルモン）を分泌させ、脳の働きを低下させます。また、体罰を受けたその時はおとなしく相手に従ったとしても、時と場所が変わり、何か気に入らないことがあったときに、自分よりも弱い者に対して、暴力的行為や他傷行為で相手を服従させようとする危険性もあります。また体罰は、力による服従の関係を作り、「自律性」と「自立性」の育ちを歪めます。

●子どもを叱った後

子どもにその誤った行為をきちんと直させ、とるべき適切な態度をとらせます。大人も子どもを叱った以上、子どもが誤りを認め訂正するよう、最後まで威厳ある態度で接することが大切です。泣き出した子どもに甘くなってしまったり、誤った行為のまま許してしまったりしないように、叱る大人の方も、責任をもって叱ります。ただし、お互いが意地の張り合いにならないように気をつけます。叱った後は気持ちを切り替えて、笑顔に戻りましょう。お互いにいやなことがあった後は、ストレス解消も大切です。気分転換を上手にしましょう。この「ほめること・叱ること」が、子育てのなかで当たり前のようでいて一番むずかしいことです。

大人の保護がなかったら一日たりとも生きていくことのできなかった赤ちゃんが、就学を迎える頃には、大人の都合や価値観にとらわれず自己表現をしていきます。子育ての中で、大人自身が人格性を高めながら自立した人間関係を築いていっているか否かが問われます。

図98 子どもを守り育てる力

子どもを守り育てる力

- 前の晩何時に寝ても、朝は6時に起こす
  - 生活リズムのリセットは朝。朝は笑顔で「おはよう！」を。
  - 朝食前の散歩は脳とからだが目覚める
- 朝ごはんは和食でごちそうを
  - 脳のエネルギー源は朝食から。3食の中で、朝ごはんがもっとも大事
  - 朝の排便の習慣も大切
- たくさん遊んで、たくさん笑い合おう
  - 子どもと一緒にからだを動かして遊ぼう！
  - 寝る前は叱らないで。口うるさくしないで、子育てを楽しもう！
- 「知ること（知識）」にも責任をもとう
  - 子育てはみんなで学び、助け合いながら
  - 子どもを取り巻く大人集団の結束も大切
  - 理解したことは実践しよう

育つ力を高めるために

- よく眠ること
- よく食べること
- よくからだを動かして遊ぶ
- 仲間と一緒で楽しいこと

98 毎日を満足な快い生活の連続に

●親と社会の力

毎日の生活が満足感のある心地良いものであることを誰もが願っています。とりわけ、子育て中は、わが子の幸せのために懸命の努力を惜しみません。

しかし、子育て世代は、労働力としても社会を支えている世代ですから、仕事と子育てを両立していくのは個人の力だけではとうてい困難です。未来を担う子どもたちの育ちを保障していくことは、社会の発展と豊かさを実現する不可欠な条件です。子どもたちの健全な育成には、地域の子育て支援や保育園などの機能が不可欠です。

●家庭と保育園との連携

子どもは毎日の生活のくり返しのなかで成長していきますから、家庭と保育園との連携は特に重要です。「子どものことは保育園に任せっぱなしで」というのもおかしなことですし、「家庭環境がこうだから」というのも正しくありません。家庭も保育園も地域もみんな含めて子どもが育つ環境です。

●子どもを守り育てる力

子どもたちの育ちを保障する環境とはどのような内容でしょうか。子どもは本来、自らの心とからだを輝かせていこうとする生命力にあふれているものです。そして「育つ力」＝成長していく力をもっています。子どもの「育つ力」を高めるためには、子どもが、よく眠り、よく食べ、よくからだを動かして遊び、そうしたことが仲間と一緒に楽しく保障される毎日であることが必要です。

そして、子どもの「育つ力」に、大人の「子どもを守り育てる力」を加えていくことによって、さらに子どもは育ちを大きく豊かにしていきます。大人は自らの健康を守るためにも、子どもが幼い時期は特に、子どもの脳とからだを育てるために生体の生活リズムを中心軸に据えた規則正しい生活を心がけましょう。大人は、子どもに賢さや力強さ、やさしさの手本を示すあこがれの存在でありたいものです。

大人が社会のなかで生き生きと仕事をしたり、仲間と助け合ったり、学び合ったりしながら生活をしている姿を子どもが垣間見たとき、社会にいっそうの信頼を寄せ、自分たちの将来について希望をもって育っていきます。

参考文献・参考になる本

『「障害児保育」のみちすじ──子どもの障害を軽くし自由を広げる』
●河添邦俊・河添幸江（ささら書房、1995）

『子どもの発達と身長の変化──子どもの育ちが見えてますか、保母さん・おかあさん』
●河添邦俊（ささら書房、1994）

『子どもの発達と生活リズム──現代に生きる子育ての知恵』
●河添邦俊（ささら書房、1991）

『生活リズムの科学と子育て』
●河添邦俊（ささら書房、1991）

『欲望・感情の脳──読売科学選書』
●大木裕、大木幸介、堀哲郎（読売新聞社、1992）

『デクステリティ──巧みさとその発達』
●ニコライ・A.ベルンシュタイン著、工藤和俊訳、佐々木正人監訳（金子書房、2002）

『脳は自分で育てられる──MRIから見えてきた「あなたの可能性」』
●加藤俊徳（光文社、2008）

『脳科学からみた機能の発達──発達心理学の基礎と臨床②』
●平山諭、保野孝弘編集（ミネルヴァ書房、2003）

『脳と心の謎に挑む──神の領域にふみこんだ人たち』
●高田明和（講談社、2002）

『平然と車内で化粧する脳』
●澤口俊之、南伸坊（扶桑社、2000）

『子どもの脳があぶない』
●福島章（PHP研究所、2000）

『子どもの精神障害』
●河合洋、山登敬之（日本評論社、2002）

『ゲーム脳の恐怖──生活人新書』
●森昭雄（日本放送協会、2002）

『からだづくり・心づくり──子どもを守る「希望の体育学」』
●正木健雄（農山漁村文化協会、2002）

『ヒトはなぜ人生の3分の1眠るのか？』
●ウィリアム・C・デメント著、藤井留美訳（講談社、2002）

『ヒトとサルのあいだ──精神はいつ生まれたのか』
●吉田修二（文藝春秋、2008）

『こころとからだを育てる運動あそび』
●相馬範子（ささら書房、1994）

『子育て力──生活リズムでどの子も伸びる』
●相馬範子（光陽出版社、2003）

『障害や育ちの遅れをもつ子どもたちのための知っておきたい子育ての科学──あしたに向かって』（小冊子全6編）
●相馬範子（つむぎ子育て研究所、1998〜2003）

『つむぎ体操──改訂版』（小冊子）
●相馬範子（つむぎ子育て研究所、2002）

●あとがきにかえて

　本書は、「日頃、私が保育の中で実践していることを1冊の本にまとめてください」という、現場の保育士たちの要請から始まったものです。

　「あそびの杜保育園」と「ムーミン保育園」では、毎年5・6月と1・2月は、「保育参観と懇談会」を開いています。そこでは、保護者のみなさまに子どもたちのどんな姿を見ていただきたいか、子どもたちがよりよく育っていくためには何をすべきなのかを提案することが重要と考えています。園の保育方針である「ヒトとしての生体の生活リズムを守り育て、子どもの発達を保障する」保育実践をしていくためには、保護者の家庭での協力が必要です。そして、保育士もある程度科学的に理論を理解していないと、自分のことばで保護者に大切なことを的確に伝えることができないと思っています。

　この「保育参観と懇談会」の1カ月くらい前になると、保育士たちは、普段よりも一層気合を入れて、生体の生活リズムについての科学と子どもの発達についての理論を学び直していきます。何度も話し合いと学習を重ねて、子どもたちの現状と目標とする望ましい姿との間にある課題は何かを分析して、今後何に力を入れて保育をしていけばいいのか見通しを立てていきます。それでも毎年出会う子どもの年齢が違えば、保護者と子どもの姿も違った様子も見られ、当然のことながら、昨年使った資料はそのまま使う事はできないのです。

　「何となくはわかっているつもりだけれど、正しくは理解していない」「言いたいことを相手にわかるように伝えることができない」「文章や資料としてまとめることができない」など、保育士たちの悪戦苦闘の日々が続きます。そして、「懇談会と保育参観」終わったころには、どの保育士も、「おわった！」という解放感と充実感と自信に満ちてきます。

　しかし本当に大切なのは、この後からなのです。学んだことを「どう実践に移すか」と、「その実践からまた何を学び、理論と実践をどう統一していくか」ということです。保護者の方や子どもたちから学ぶことをしなければ、机上で学んだ科学や理論は、「絵に描いた餅」にしかすぎません。本当に確信をもった保育はできません。科学も理論も毎日の実践の積み重ねによって、また新たな発展を遂げていくものだと思います。

　本書を読んだ方々の手によって、子育ての科学と発達の理論と実践がさらに深まり、子どもたちに還っていくことを願っています。

　本書の出版にあたっては、私の大切な仲間である「あそびの杜保育園」と「ムーミン保育園」関係者の強い後押しと協力がありました。また、合同出版社の上野良治さん、坂上美樹さんのすぐれた編集する力によって、「わかりやすくて読みやすい保育の手引き」に仕上げることができました。心からお礼申し上げます。

　　　　　　　　　　　2009年3月　相馬範子

保育園・研究所の紹介

●ムーミン保育園

1980年4月1日、横浜市西区に産休明け・長時間保育をする保育園を！　と願う設置者・父母らが協力して民家の1階部分、6畳2間の間借りから保育開始。開園当初の名称は、「ムーミン乳児保育室」。
1981年10月、現在地へ転地し、横浜市からの「無認可保育所児童援護費」の補助を受けるようになる。
1997年7月、横浜市の認定を受け「横浜保育室」となる。
2005年4月、3～5歳児の受入れ開始し、施設名「ムーミン保育園」に変更。

●あそびの杜(もり)保育園
神奈川県横浜市西区久保町22-3　TEL:045-260-5886

2006年4月1日、「ムーミン保育園」の隣に認可保育園として設置。2つの保育園は、常に連携し合い、「ヒトとしての生体の生活リズムを守り育て、子どもの発達を保障する」という保育方針を立てて実践している。

●NPO法人つむぎ子育て研究所
神奈川県横浜市西区久保町22-4久保町郵便局3階（ムーミン保育園と事務所を兼用にしています。）　TEL:045-253-1203

1985年、東京都杉並区で、心身障害児通園教室「つむぎ子ども教室」として、始まる。その後横浜に移転し、現在も、障害をもつ子どもたちの相談や定期的な指導を行なっている。「ムーミン保育園」や「あそびの杜保育園」と協力関係。「つむぎ」のスタッフは、保育園に在籍する障害児や発達が気になる子どもに対して、直接専門的な指導をしたり保育士さんたちにアドバイスをしたりしている。

【著者紹介】

◆**相馬範子**（そうま・のりこ）

1958年生まれ。静岡県藤枝市生まれ。東北福祉大学社会福祉学部社会福祉学科卒業。1985年「つむぎ子ども教室」を主宰。1988年「つむぎ子育て研究所」代表兼理事長を務める。
2004年「ムーミン保育園」園長に就任。2008年「あそびの杜保育園」園長に就任。発達の遅れや障害をもつ子どもたちの指導を行う。子どもの発達、生活リズムと子育てなどに関する相談や講演活動にも積極的に取り組んでいる。

生活リズムでいきいき脳を育てる
―― 子育ての科学98のポイント

2009年 4月10日 第1刷発行
2017年 2月15日 第5刷発行

著 者 相馬範子
発行者 上野良治
発行所 合同出版株式会社
　　　　東京都千代田区神田神保町1－44
　　　　郵便番号　101－0051
　　　　電話　03（3294）3506
　　　　振替　00180－9－65422
　　　　ホームページ　http://www.godo-shuppan.co.jp/
印刷・製本　株式会社シナノ
■刊行図書リストを無料進呈いたします。
■落丁乱丁の際はお取り換えいたします。

本書を無断で複写・転訳載することは、法律で認められている場合を除き、著作権及び出版社の権利の侵害になりますので、その場合にはあらかじめ小社宛に許諾を求めてください。

ISBN978-4-7726-0456-7　NDC370　257×182
© Noriko Souma, 2009